So geht's zum DSD II (B2 / C1)

Übungsbuch

Ewa Brewińska
Holm Buchner
Elżbieta Świerczyńska

Überarbeitete Ausgabe passend zur aktuellen Prüfung

Alles Digitale zu diesem Buch kann auf der Lernplattform **allango** von Ernst Klett Sprachen abgerufen werden. So geht's:

| QR-Code scannen oder **www.allango.net** aufrufen | Buchtitel oder ISBN in der Suche eingeben und auf das Buchcover klicken | Zum Inhalt navigieren, direkt abrufen oder speichern |

Zu diesem Buch auf allango verfügbar: **Audios**.

Ernst Klett Sprachen
Stuttgart

So geht's zum DSD II (B2 / C1)

Übungsbuch

Überarbeitete Ausgabe passend zur aktuellen Prüfung

1. Auflage   1 ¹³ ¹² ¹¹ ¹⁰ ⁹ | 2029 28 27 26 25

Autoren: Ewa Brewińska, Holm Buchner und Elżbieta Świerczyńska

Redaktion: Nadja Fügert, Berlin; Stefanie Plisch de Vega
Layoutkonzeption: Anastasia Raftaki, Jasmina Car, Barcelona
Herstellung: Anastasia Raftaki
Gestaltung und Satz: Jasmina Car, Barcelona; Regina Krawatzki, Stuttgart
Umschlaggestaltung: Julia Eden
Reproduktion: Meyle + Müller GmbH + Co. KG, Pforzheim
Druck und Bindung: Plump Druck & Medien GmbH, Rheinbreitbach

Printed in Germany
ISBN 978-3-12-675986-1

Liebe Schülerinnen und Schüler, liebe Kolleginnen und Kollegen,

das Bestehen der Prüfung „Deutsches Sprachdiplom II" auf der Niveaustufe C1 ermöglicht es Schülerinnen und Schülern aus dem Ausland, nach Erlangen der Hochschulreife ohne weitere Sprachprüfung an einer deutschen Universität zu studieren. Das Übungsbuch *So geht's zum DSD II (B2/C1)* unterstützt Sie bei der Vorbereitung auf diese Prüfung. Es entspricht den aktuellen Vorgaben der ZfA (Stand Ende 2014).

Sie lernen die vier Prüfungsteile, *Leseverstehen*, *Hörverstehen*, *Schriftliche* und *Mündliche Kommunikation*, und deren Teilaufgaben kennen und üben schrittweise, wie Sie die Prüfungsaufgaben lösen können. Im Übungsbuch geht es aber vor allem auch darum, den Wortschatz zu erweitern, Lösungsstrategien zu finden und zu überprüfen, Lernprozesse zu beobachten und selbstständig weiterzulernen.

Die 10 thematischen Kapitel bieten Ihnen deshalb einerseits Aufgaben zu den einzelnen Prüfungsteilen, andererseits bauen Sie durch verschiedene, auch spielerische, Techniken in jedem Kapitel gezielt Ihren Wortschatz auf B2/C1-Nivau auf.
Durch das Anwenden von Textbausteinen in zahlreichen Schreibaufgaben entwickeln Sie Ihre Schreib-kompetenz für das Referat im Prüfungsteil *Schriftliche Kommunikation* weiter.
Ihre Fähigkeit zum Erörtern und Diskutieren, die Sie im Prüfungsteil *Mündliche Kommunikation* benötigen, trainieren Sie mit entsprechenden Redemitteln.
Auch das Training für die verschiedenen Teile des *Hörverstehens* hat in jedem Kapitel einen festen Platz, allerdings an unterschiedlicher Stelle. Der *Überblick: Trainingseinheiten im Übungsbuch* auf Seite 7 zeigt Ihnen, wo genau welcher Prüfungsteil vorgestellt, wiederholt oder in der vorgegebenen Zeit gelöst werden soll.

Die Portfolioseite am Ende eines jeden Kapitels befasst sich mit den unterschiedlichen Aspekten der Projektarbeit für die mündliche Prüfung und hilft Ihnen beim Erstellen Ihrer Projektmappe.

Wichtig ist, dass Sie selbst Ihren Lernprozess evaluieren, d. h. sich selbst kontrollieren und festhalten, wo Sie schon gut sind und wo Sie eventuell noch mehr üben sollten. Dafür steht Ihnen jeweils die letzte Seite des Kapitels zur Verfügung.

Das Übungsbuch folgt einer Progression. In den ersten Kapiteln finden Sie einfache Texte und Arbeits-techniken, die Sie aus der Niveaustufe B1 kennen. Diese werden Schritt für Schritt über B2 zu C1 erweitert. Manche Themen wiederholen sich deshalb auch – mit dem zusätzlichen Effekt, dass das bereits Gelernte besser behalten wird.

Die Lösungen zu den Aufgaben im Übungsbuch sowie die Transkriptionen der Hörtexte finden Sie in der Unterrichtshandreichung *So geht's zum DSD II (B2/C1)*, ISBN 978-3-12-675987-8. Die Audiodateien zu diesem Übungsbuch sind digital verfügbar (siehe Seite 1).

Wenn Sie weiter üben wollen, können Sie das mit dem Testbuch *So geht's zum DSD II (B2/C1)*, ISBN 978-3-12-675988-5. Das Testbuch enthält 3 Modelltests sowie einen ausführlichen Leitfaden zur mündlichen Prüfung.

Eine anregende Vorbereitung und eine erfolgreiche DSD II-Prüfung wünschen Ihnen

das Autorenteam und der Verlag

Die Symbole bedeuten:

🎧 **5** Hören Sie den Text.

👥 Arbeiten Sie mit einer Partnerin / einem Partner.

👥 Arbeiten in einer Gruppe.

〰 Spielen Sie.

Inhaltsverzeichnis

Überblick: Die Prüfung DSD II

Was ist das DSD II?

Das *Deutsche Sprachdiplom II* der *Kultusministerkonferenz der Länder in der Bundesrepublik Deutschland* kann von Schülern im Ausland als Nachweis deutscher Sprachkenntnisse erworben werden. Insgesamt werden dabei vier Fertigkeiten in vier Prüfungsteilen geprüft: *Hörverstehen, Leseverstehen, Schriftliche* und *Mündliche Kommunikation*. Die Stufe II wird in den oberen Klassen an Sekundarschulen abgelegt und gilt laut Beschluss der Kultusministerkonferenz beim Bestehen auf C1-Niveau als Nachweis der für ein Hochschulstudium in der Bundesrepublik Deutschland erforderlichen Deutschkenntnisse.

Aufbau der Prüfung DSD II

Prüfungsteil	Dauer	Aufgaben	
Leseverstehen	75 Minuten + 10 Minuten, um die Lösungen auf das Antwortblatt zu übertragen	LV 1	Sie müssen 9 Überschriften oder Personen fünf Kurztexte zuordnen.
		LV 2	Sie lesen einen Text und müssen für 6 Aussagen prüfen, ob sie richtig oder falsch sind oder ob der Text dazu nichts sagt.
		LV 3	Sie bekommen einen Text mit 5 Lücken, die Sie mit der richtigen Auswahl aus 7 Satzteilen oder ganze Sätzen ergänzen müssen.
		LV 4	Zu einem Text müssen Sie in 7 Multiple-Choice-Aufgaben A, B oder C ankreuzen.
Hörverstehen	ca. 40 Minuten + 10 Minuten, um die Lösungen auf das Antwortblatt zu übertragen	HV 1	Sie hören einmal ein Interview und müssen in 8 Multiple-Choice-Aufgaben die richtige Aussage (A, B oder C) ankreuzen.
		HV 2	hat zwei Teile: Im Teil A hören Sie 4 Personen, denen Sie 3 Aussagen zuordnen müssen. Im Teil B hören Sie die 4 Personen und müssen ihnen 6 Aussagen zuordnen. Beide Teile hören Sie einmal.
		HV3	Sie hören zweimal einen monologischen Text (Vortrag) und müssen in 8 Multiple-Choice-Aufgaben A, B oder C ankreuzen.
Schriftliche Kommunikation	120 Minuten	Sie müssen einen zusammenhängenden Text zu einem Thema schreiben. Dafür bekommen Sie drei Impulse: einen Text, eine Grafik und die Aufgabenstellung.	
Mündliche Kommunikation	20 Minuten Vorbereitungszeit + 20 Minuten Prüfungszeit	Teil 1	Sie müssen einen Kurzvortrag halten. Dafür bekommen Sie in der Vorbereitung ein Thema und 7 Aspekte dazu.
		Teil 2	Sie präsentieren Ihre Projektarbeit.
		An beide Teile schließt sich jeweils ein Prüfungsgespräch an.	

In den Prüfungsteilen *Hörverstehen* und *Leseverstehen* sind keine Wörterbücher erlaubt. In den Prüfungsteilen *Schriftlichen Kommunikation* und bei der Vorbereitung auf die *Mündliche Kommunikation* dürfen Sie ein einsprachiges oder zweisprachiges Wörterbuch verwenden.

In einigen Ländern, in denen man das DSD II ablegen kann, zieht das erfolgreiche Abschneiden in der Prüfung Begünstigungen beim folgenden Studium nach sich.

Überblick: Trainingseinheiten im Übungsbuch

1 Medien

Wortschatztraining

1 Computer & Internet

a Was passt zusammen? Ordnen Sie zu. Manchmal gibt es mehrere Möglichkeiten.

recherchieren | chatten | öffnen | einschalten | (he)runterladen | hochfahren | surfen | hören | speichern | drucken | weiterleiten | nutzen | herunterfahren

1. im Internet *surfen, recherchieren, ...*	5. eine Datei
2. die Webkamera	6. Internetradio
3. auf einer Webseite	7. ein Programm
4. den Computer	8. eine E-Mail

b Wie oft und warum machen Sie das? Schreiben Sie Sätze mit den Nomen und Verben aus Aufgabe 1a.

Beispiel: *Ich surfe jeden Tag im Internet, um mich über Neuigkeiten zu informieren.*

Ich recherchiere oft im Internet, weil es sehr bequem ist.

_____

_____

_____

2 Anglizismen in der Computersprache

a Erklären Sie diese englischen Wörter in ganzen Sätzen. Wie heißen sie in Ihrer Muttersprache?

1. Unter „chatten" versteht man _____

2. „Googeln" bezeichnet _____

3. „Skypen" meint _____

4. „Bloggen" bedeutet _____

5. „Surfen" heißt_____

Tipp

> Diese Anglizismen konjugiert man wie regelmäßige (schwache) Verben, auch im Perfekt: ich chatte, du chattest, ich habe gechattet. Viele dieser Verben klingen in Ihrer Muttersprache manchmal so ähnlich wie im Deutschen: chatten = tchatcher (Französisch) = czatować (Polnisch) = chatovat / četovat (Slowakisch).

b Ergänzen Sie die Verben in der korrekten Form.

Die Arbeit am Computer macht mir großen Spaß: Am liebsten (1) _____ (chatten) ich mit meinen

Freunden, die jetzt in verschiedenen Ländern wohnen, manchmal (2) _____ (skypen) wir auch. Marc

z.B. (3) _____ (bloggen) über seine Erfahrungen in Guatemala, so dass jeder sie lesen kann. Gestern

habe ich lange am Computer gesessen: Erst habe ich meine Mails (4) _____ (checken), dann habe

ich im Chatroom Pia entdeckt. Wir haben lange (5) _____ (chatten). Danach habe ich noch ein paar

Begriffe für mein Referat (6) _____ (googeln) und im Internet (7) _____ (surfen).

3 Ergänzen Sie die Tabelle mithilfe eines (Online-)Wörterbuchs. Es gibt oft mehrere Nomen.

	Verb	Nomen
1	chatten	
2	drucken	
3	recherchieren	
4	speichern	
5	installieren	

Tipp

Notieren Sie bei neuen Vokabeln immer das dazugehörige Verb oder Nomen.

chatten, chattete, habe gechattet
der Chat, -s
der Chatroom, -s

4 Ergänzen Sie mit den Vokabeln von Seite 8 und 9 das Assoziogramm zum Thema Internet.

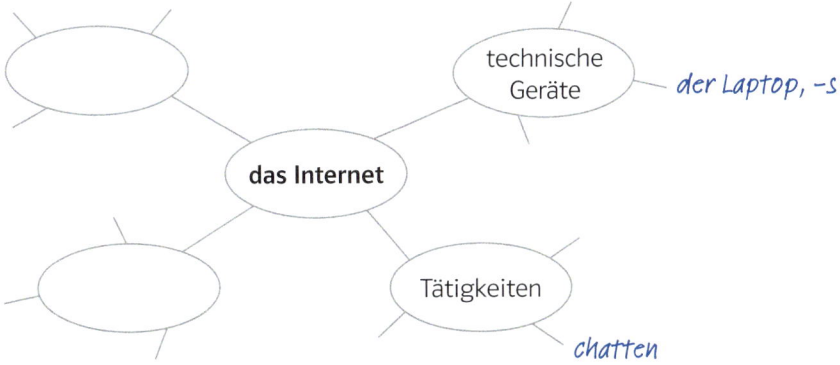

Tipp

Vokabular zu sammeln und zu strukturieren ist eine wichtige Technik. Beginnen Sie mit einem zentralen Thema und überlegen Sie sich dazu Unterbegriffe. Diese können Sie dann weiter gliedern. Vergessen Sie nicht, bei Nomen den Artikel und den Plural, bei Verben das Präteritum und das Partizip Perfekt zu notieren.

 5 Wörter legen

a Kennen Sie die Wörter? Bringen Sie die Buchstaben in die richtige Reihenfolge.

chtaten | Lpotap | Iternentrdaio | PC-Sieple | rutnerldaen | srfuen | Itnenret | Wbesetie

chatten, _____

 b Verdrehen Sie selbst die Buchstaben von Wörtern zum Thema _Internet_ und lassen Sie Ihre Nachbarin / Ihren Nachbarn raten.

Training Leseverstehen

► Das Leseverstehen 1 kennenlernen

1 Ähnliche Texte vergleichen

a Überfliegen Sie die beiden folgenden Texte. Was ist das gemeinsame Thema?

A Welcher PC soll es sein? Das fragen sich Jugendliche und Erwachsene gleichermaßen, denn der Computer wird immer wichtiger in unserem Leben. Nicht nur Erwachsene arbeiten mit diesem beruflich und nutzen ihn privat, auch Jugendliche brauchen den PC für die Schule und die Freizeit. Die Frage ist: Wer entscheidet in den Familien, welcher PC gekauft wird? Die Jugendlichen dürfen zwar mitreden, aber was gekauft wird, entscheiden letztendlich immer noch die Eltern.

B Für Erwachsene und Jugendliche gibt es beim Kauf eines Computers unterschiedliche Kriterien. Die Kaufentscheidung Erwachsener orientiert sich oft allein am Preis: Ein hoher Preis gilt als Garantie für eine gute Qualität. Für Jugendliche hingegen sind Festplattengröße, Grafikkarte und ein cooles Design wichtigere Kriterien für den PC-Kauf. Beiden Gruppen aber ist die Zuverlässigkeit des neuen Computers sehr wichtig.

Das Thema beider Texte ist: _____

b Markieren Sie wichtige Informationen (Signalwörter) im Text. Schreiben Sie dann die Informationen in die Tabelle. Wo gibt es Unterschiede?

	Um wen geht es im Text?	Worum geht es?
Text A		
Text B		

2 Eine Überschrift zuordnen

a Lesen Sie nun eine Überschrift. Markieren Sie die wichtigsten Wörter.

Mitspracherecht ja - aber die Kaufentscheidung treffen die Eltern

b Vergleichen Sie nun mit den Signalwörtern aus Aufgabe 1b. Zu welchem Text passt die Überschrift?

▷ Die Lösung der Aufgabe lautet: Die Überschrift passt zu Text A, denn dieser sagt, dass die Eltern die Entscheidung treffen.

> **Tipp**
>
> In der Aufgabe 1 des Leseverstehens müssen Sie fünf kurzen Texten Überschriften zuordnen. Dafür müssen Sie die Texte detailliert lesen. Suchen Sie nach den wichtigsten Informationen und markieren Sie Signalwörter. Vergleichen Sie diese dann mit den Überschriften.

c Welche Wörter entsprechen den Signalwörtern im Text? Ergänzen Sie.

Überschrift	Text
Mitspracherecht	
Entscheidung	

d Formulieren Sie einen Tipp mit den Wörtern aus dem Kasten.

Synonyme | Signalwörter | können | identisch

Tipp

_____ im Text und in der Überschrift müssen nicht _____ sein.

Es _____ auch _____ oder Wörter aus der gleichen Wortfamilie sein.

e Wie könnten die Überschriften für diese beiden Kurztexte heißen?

A Rund 47 Prozent der deutschen Internetnutzer sind Mitglied in einem sozialen Online-Netzwerk wie Facebook, StudiVZ oder Xing. Dies ergab eine repräsentative telefonische Umfrage des Meinungs-forschungsinstituts TNS Emnid unter 1001 Personen mit Online-Zugang. Bei den 14- bis 29-Jährigen liegt der Anteil der Mitglieder in einem Online-Netzwerk bei 89 Prozent.
Die häufig geäußerte Kritik, das Internet mache einsam und verdränge die sozialen Kontakte im realen Leben, wird durch die Umfrage tendenziell widerlegt. So gaben 34 Prozent der Befragten an, durch das Internet mehr reale Kontakte hinzugewonnen zu haben. Lediglich bei sieben Prozent der Internetnutzer wurden sie dadurch weniger.

Mögliche Überschrift: _____

B Am 9. Februar ist es soweit: Dann findet der nächste „Safer Internet Day" statt. Die Vorbereitungen dazu haben begonnen, die EU und das europäische Netzwerk „Insafe" planen vielfältige Aktionen. Wie in den vergangenen Jahren können und sollen sich alle am „Safer Internet Day" beteiligen, denen die Sicherheit im Internet ein Anliegen ist oder die dieses Thema zu ihrem Anliegen machen möchten. Für den „Safer Internet Day" gibt es kein offizielles übergeordnetes Schwerpunktthema, Diskussionsthemen könnten z. B. sein: Cyber-Mobbing, Soziale Netzwerke im Internet, Datenschutz, Urheberrecht, …

Mögliche Überschrift: _____

Tipp

Überlegen Sie sich beim Lesen der Texte eine mögliche Überschrift. Dann finden Sie die Lösung manchmal schneller.

f Welche Überschriften passen zu den zwei Texten in Übung e? Zwei Überschriften bleiben übrig.

1. **Sicher im Netz unterwegs – ein Aktionstag**

2. **Internetsicherheit – ein unbeliebtes Thema**

3. **Jüngere häufiger in sozialen Online-Netzwerken als Ältere**

4. **Soziale Online-Netzwerke reduzieren soziale Kontakte**

Text A: Überschrift _____   Text B: Überschrift _____

 3 Suchen Sie selbst kleine Texte im Internet oder in der deutschsprachigen Presse und formulieren Sie dazu neue Überschriften. Bereiten Sie mehr Überschriften als Texte vor. Lassen Sie dann Ihre Mit-schülerinnen und Mitschüler die Überschriften den Texten zuordnen.

Wortschatztraining

1 Medien im Alltag

a Lesen Sie die Definition und beantworten Sie die Fragen:

> **Medien sind heute aus unserem Alltag nicht mehr wegzudenken. Aber was genau sind Medien?**
>
> Das Wort „Medium" stammt vom lateinischen Wort „medium" ab und bedeutet „Vermittler". Medien werden in vier Gruppen unterteilt:
>
> **1** Printmedien, z. B. Zeitungen, Zeitschriften, Bücher
> **2** Auditive Medien z. B. Radio oder die CDs, MP 3
> **3** Audiovisuelle Medien z. B. Fernsehen, Videos oder DVDs
> **4** multimediale und interaktive Medien, z. B. das Internet
>
> Mithilfe der Medien werden Nachrichten und Informationen übermittelt und verbreitet. Da sich auf diese Weise sehr viele Menschen informieren können, werden Zeitungen, Zeitschriften, Bücher, Rundfunksender und Internet oft auch als Massenmedien bezeichnet. Medien spielen aber auch eine sehr große Rolle bei der Unterhaltung, viele Menschen sehen in ihrer Freizeit Filme und DVDs, spielen am Computer oder surfen im Internet.

1. Was sind Massenmedien? _____

2. Was gehört zu den audiovisuellen Medien? _____

3. Welche Funktionen haben die Medien (drei Funktionen)? _____

4. Welches Medium bestimmt Ihrer Meinung nach besonders unseren Alltag? _____

b Alte Medien – neue Medien: Was bedeuten diese Begriffe? Informieren Sie sich im Internet und sprechen Sie dann im Kurs darüber.

c Was fällt Ihnen bei den folgenden Begriffen im Zusammenhang mit Medien ein? Unterhalten Sie sich mit Ihrer Nachbarin / Ihrem Nachbarn darüber.

Unterhaltung | Familienleben | Informationen | Bildung | Gewalt | Kommunikation | Geld | Computerspiele

> Ich denke, viele Menschen nutzen Medien, um sich unterhalten zu lassen. Wir alle hören Radio oder sehen fern, um unseren Alltag zu vergessen. Ich glaube, dass das Internet für junge Menschen das wichtigste Medium ist.

d Lesen Sie den Text und setzen Sie das passende Wort aus der Tabelle unten ein.

Mit dem Einsatz von Computer und Internet im Unterricht (1) _____ sich auch die Rolle des Lehrers. Er (2) _____ zu einem Wissensmoderator, der die Schüler bei der Nutzung der Medien berät. Dafür sind nicht nur technische Kenntnisse (3) _____ , sondern man braucht vor allem auch das Wissen, wo man etwas findet und wie man mit den (4) _____ richtig arbeitet. Dieses Wissen heißt Medienkompetenz. Aber auch das Wissen über die Gefahren eines zu (5) _____ oder zu langen Medienkonsums gehört dazu.

1	A wächst	B verändert	C wechselt
2	A wird	B ist	C bekommt
3	A nötig	B schwierig	C gefährlich
4	A Auskünften	B Fragen	C Informationen
5	A tiefen	B häufigen	C schnellen

Training Hörverstehen

► Das Hörverstehen 2 kennenlernen

1 Handys

a Wie kann man folgende Aussagen auch formulieren? Ordnen Sie synonyme Formulierungen zu.

1. Ich besitze kein Handy. | 2. Ich benutze nur einen Festnetzanschluss. | 3. Ich bin telefonsüchtig. | 4. Ich gehe ohne Telefon nicht aus dem Haus. | 5. Ohne Handy komme ich gut zurecht. | 6. Das Telefon ist für mich unentbehrlich. | 7. Es ist für mich unvorstellbar, ohne Handy zu leben. | 8. Ich kann nicht ohne Handy auskommen. | 9. Ich will nicht die ganze Zeit erreichbar sein.

Ich habe kein Handy.	Ich kann mir ein Leben ohne Handy nicht vorstellen.
1.,	

b Was davon trifft auf Sie bzw. auf Ihre Freundinnen / Freunde zu? Sprechen Sie im Kurs darüber.

1–4

c Leben mit oder ohne Handy? Sie hören vier Personen zu diesem Thema. Welche Aussage passt zu welcher Person. Kreuzen Sie an.

A Ich habe kein Handy.
B Ich habe ein Handy, benutze es aber selten.
C Ich kann mir ein Leben ohne Handy nicht vorstellen.

	A	B	C
	Ich habe kein Handy.	Ich habe ein Handy, benutze es aber selten.	Ich kann mir ein Leben ohne Handy nicht vorstellen.
Person 1			
Person 2			
Person 3			
Person 4			

Info

Bei Aufgabe 2 A des Hörverstehens sollen Sie drei Aussagen vier Personen zuordnen. Sie müssen also eine Aussage zweimal ankreuzen.

1–4

d Hören Sie die Personen noch einmal. Kreuzen Sie während des Hörens an, ob folgende Aussagen von den Sprechern gemacht werden. Zwei Aussagen passen nicht.

A Handys besitzen viele Funktionen.
B Ich mag Handywerbung.
C Viele Leute finden mich unnormal, weil ich kein Handy habe.

D Ich brauche Urlaub vom Handy.
E Ich will nicht immer angerufen werden.
F Ich will immer informiert sein.

	A	B	C	D	E	F
Person 1						
Person 2						
Person 3						
Person 4						

Info

Bei Aufgabe 2 B des Hörverstehens sollen Sie sechs Aussagen vier Personen zuordnen. Zwei Aussagen bleiben übrig.

Training Schriftliche Kommunikation

► Wichtige Aussagen in einem Text herausfinden

1 Den Text lesen

a Lesen Sie die Überschrift. Worum geht es im folgenden Text vermutlich?

Kopieren geht über studieren

Info

Der Prüfungsteil *Schriftliche Kommunikation* umfasst mehrere Teilaufgaben: Zuerst sollen Sie einen Text lesen und die wichtigsten Aussagen zusammenfassen (erste Teilaufgabe).

Meine Vermutung: _____

Tipp

Die Textüberschrift weist oft schon auf den Textinhalt hin. Überlegen Sie, ob Sie zum Thema des Textes schon einmal etwas gehört oder gelesen haben (= Vorwissen aktivieren).

b Lesen Sie nun den Text ein erstes Mal. Was ist das Thema des Textes?

Kopieren geht über studieren – von Kurt Künzle –

Eine Semesterarbeit schreiben geht heute schneller denn je. Man gibt in eine Suchmaschine im Internet die wichtigsten Begriffe ein, und schon bekommt man zehntausende Seiten zum Thema angeboten. Nun braucht man nur noch die wesentlichen Aufsätze zu kopieren und sie zu einer neuen Arbeit zusammenzusetzen: Fertig ist die „eigene" Semesterarbeit. Dieses Copy & Paste-Verfahren verstößt aber gegen die wissenschaftliche Redlichkeit, Plagiat ist eine Straftat.

Semesterarbeit
aus Internet

kopieren -> Straftat

Viele Studenten kümmert das jedoch nicht, denn immer mehr Studierende schreiben aus dem Internet ab. „Ja, die Fälle nehmen zu", bestätigt Gian Martin vom Disziplinarausschuss der Universität Zürich. Der Ausschuss hatte so viele Fälle zu behandeln wie noch nie.

Was ans Licht kommt, ist nur die Spitze des Eisbergs. Wie viele Studierende ihre Arbeiten abschreiben, ist unbekannt, denn im Gegensatz zu Österreich oder Deutschland gibt es in der Schweiz noch keine Untersuchungen dazu. An der Universität Salzburg (Österreich) kam im letzten Juni bei einer Stichprobe heraus, dass 11 von 13 Arbeiten nicht in Ordnung waren. In Leipzig (Deutschland) befragte ein Journalistikstudent im Rahmen seiner Abschlussarbeit Mitstudierende, ob sie Texte kopieren würden. 90 Prozent sagten ja. Diese Erhebungen sind zwar nicht repräsentativ, aber sie zeigen, dass das Problem verbreitet ist. Studenten aller Fakultäten und Abteilungen plagiieren.

Die Universitäten haben lange nicht über das Problem gesprochen, denn sie hatten Angst, die Plagiatsfälle könnten ihrem Ruf schaden. Aber mittlerweile sieht man es umgekehrt: Die Glaubwürdigkeit der Hochschulen steht auf dem Spiel. Hardy Notter von der Hochschule St. Gallen ergänzt: «Es geht letztlich um die ethische Kompetenz der zukünftigen Akademiker. Sie ist ebenso wichtig wie die Fach-, Führungs- und Sozialkompetenz."

Quelle: der arbeitsmarkt, 2006 (zu Prüfungszwecken bearbeitet)

c Gibt es Wörter oder Textpassagen, die Sie nicht verstehen? Versuchen Sie, diese aus dem Kontext zu verstehen oder schlagen Sie im Wörterbuch nach.

Info

In der Prüfung haben Sie ein einsprachiges und/oder ein zweisprachiges Wörterbuch zu Ihrer Verfügung. Schlagen Sie aber nicht zu viele Wörter nach, das kostet viel Zeit.

d Lesen Sie den Text ein zweites Mal und markieren Sie wichtige Informationen. Schreiben Sie Stichwörter an den Rand.

 e Vergleichen Sie mit Ihrer Nachbarin / Ihrem Nachbarn. Hat sie / er die gleichen Wörter markiert?

 f Formulieren Sie Fragen zum Text und stellen Sie diese Ihrer Nachbarin / Ihrem Nachbarn. Sie oder er antwortet mit Hilfe des Textes.

> Was?
> Wer?
> Wo?
> Wann?
> Warum?

Was ist das Thema des Textes? Was wird hier berichtet?

_____

_____

> **Tipp**
>
> Mit Hilfe von W-Fragen finden Sie schnell die wichtigsten Informationen heraus.

2 Wichtige Informationen markieren und wiedergeben

a Im folgenden Text sind Informationen markiert worden. Sind das wirklich alle wichtigen Informationen? Diskutieren Sie im Kurs und begründen Sie Ihre Meinung. Korrigieren Sie die Markierungen und schreiben Sie Stichwörter an den Rand.

Hat das E-Book eine Zukunft? – von Philipp Goll –

Ist das Buch vom Aussterben bedroht? ==Die Rede vom Ende des Buchs, wie wir es kennen, ist jedenfalls kaum zu überhören.== Doch was genau sagen die Verlage zur Entwicklung des Markts für Lesegeräte und elektronische Bücher? Alles nur heiße Luft? Gibt es Zahlen, Daten, Fakten?

Für den Börsenverein des Deutschen Buchhandels steht außer Frage: ==„E-Books sind der Markt der Zukunft."== Vor allem bei der jungen Generation stößt das E-Book auf große Sympathie. Eine Studie des Börsenvereins ergab, dass bereits die Hälfte der 20- bis 29-Jährigen mit dem Medium vertraut ist.

Aus dieser Studie geht außerdem hervor, ==dass Unterschiede zwischen den Sachgruppen bestehen.== Mit 42 Prozent liegen die Fachbücher vorn, dann kommen die Sachbücher mit 35 Prozent. Die Belletristik macht lediglich 26 Prozent der heruntergeladenen E-Books aus. Laut einem Sprecher des Rowohlt Verlags sei dies auch nicht verwunderlich, schließlich sei der Digitalbuchmarkt in Deutschland ein völlig neues und erst langsam entstehendes Geschäftsfeld.

Problematisch für eine baldige Durchsetzung des E-Books sind die Preise, die im Vergleich zum Papierprodukt hoch ausfallen. ==So kostet die E-Book-Version des Titels „Der Chinese" des schwedischen Krimiautors Henning Mankell immerhin auch 21 Euro und ist damit kaum günstiger als das Hardcover, das für 24,90 Euro zu haben ist.== Deshalb glauben viele Leser und Verlage, dass das gute alte Buch nicht aussterben wird.

Quelle: Die Tageszeitung, 2010 (zu Prüfungszwecken bearbeitet)

> **Info**
>
> In der schriftlichen Prüfung müssen Sie in Ihrem Aufsatz die wichtigsten Aussagen eines Textes wiedergeben. Als Orientierung dienen Ihnen die Abschnitte. Dort finden Sie die Haupt- und die dazugehörigen Detailinformationen, z. B. Problem und Beispiel. Markieren Sie nach dem ersten Lesen des Textes die wichtigsten Informationen und schreiben Sie Stichworte heraus. So können Sie später schneller das Wichtigste zusammenfassen.

b Markieren Sie in der folgenden Zusammenfassung des Textes von S. 15 Redemittel für die Textwiedergabe und notieren Sie diese.

Im vorliegenden Text von Philipp Goll mit dem Titel „Hat das E-Book eine Zukunft?" geht es um die Marktchancen der E-Books. Laut Artikel finden vor allem junge Menschen diese Bücher interessant. Der Autor nennt eine Studie des Börsenvereins, die besagt, dass vor allem Fach- und Sachbücher als E-Book heruntergeladen werden und weniger Belletristik. Als Grund dafür nennt der Autor, dass der Digitalbuchmarkt immer noch ein neues Geschäftsfeld in Deutschland sei. Der Autor weist auch auf ein Problem für die E-Books hin: Die Preise seien sehr hoch und würden sich kaum von den Preisen von gedruckten Büchern unterscheiden. Deshalb, so der Autor am Ende des Artikels, sind die Verlage optimistisch, dass es neben den E-Books auch noch lange gedruckte Bücher geben wird.

Redemittel Textwiedergabe:

Im vorliegenden Text mit dem Titel „ ..." geht es um ... ,

_____

_____

_____

_____

c Ergänzen Sie weitere, eigene Redemittel.

> **Info**
>
> Sie müssen in Ihrem Aufsatz immer deutlich machen, welche der Informationen aus dem vorgegebenen Text stammen. Dazu brauchen Sie die Redemittel.

d Formulieren Sie mithilfe der Antworten auf die W-Fragen und den Redemitteln aus 2b und c eine Textwiedergabe des Textes „Kopieren geht über studieren".

_____

_____

_____

_____

_____

_____

 e Tauschen Sie Ihren Text mit Ihrer Nachbarin / Ihrem Nachbarn. Lesen Sie den Text und korrigieren Sie ihn, wenn nötig.

> **Checkliste**
> Prüfen Sie die folgenden Punkte:
> ☐ Sind alle wichtigen Informationen des Textes wiedergegeben?
> ☐ Haben Sie Redemittel zur Kennzeichnung der Textaussagen verwendet?

 f Bringen Sie kurze Texte aus deutschsprachigen Zeitungen oder aus dem Internet mit (max. 10). Arbeiten Sie in kleinen Gruppen. Jede Gruppe wählt einen Text und schreibt eine Textwiedergabe dazu. Pinnen Sie dann Zeitungstexte und Textwiedergaben an die (Pinn-)Wand des Klassenzimmers. Überfliegen Sie gemeinsam die Texte und ordnen Sie sie anschließend gemeinsam zu – welche Wiedergabe gehört zu welchem Text?

Training Mündliche Kommunikation

► Definitionen

1 Begriffe definieren

a Lesen Sie die folgende Definition und beantworten Sie die W-Fragen.

Unter Mediennutzung versteht man den Konsum von Medien, insbesondere den Konsum von Massenmedien. Damit sind vor allem das Internet, Tageszeitungen, Fernsehen und Radio gemeint. Internet und Tageszeitung dienen vor allem als Informationsmedien, das Fernsehen dagegen eher als Informations- und Unterhaltungsmedium. Das Radio wird als Tagesbegleiter und „Stimmungsmacher" charakterisiert. Nach Angaben des Statistischen Bundesamtes betrug der Medienkonsum 2001 im Durchschnitt ca. 120 Minuten pro Tag.

1. Was bedeutet Mediennutzung? _____

2. Welche Medien sind damit gemeint? _____

3. Warum werden Medien genutzt? _____

4. Durchschnittlich wie viele Stunden am Tag nutzte man Medien im Jahre 2001? _____

b Welche Formulierungen kann man in Definitionen verwenden? Notieren Sie und ergänzen Sie eigene Beispiele.

Unter … versteht man … _____

_____

> **Info**
>
> Im ersten Teil der Prüfung sollen Sie einen fünfminütigen Kurzvortrag zu einem Thema halten. Dabei ist es sinnvoll, zunächst mit einer Definition des wichtigsten Begriffs / der wichtigsten Begriffe zu beginnen.

c Suchen Sie im Internet Informationen zu den beiden Begriffen in der Tabelle.

	Soziale Online-Netzwerke	Web 2.0
Was ist das?		
Was gehört dazu?		
Wer benutzt das?		
…		

d Schreiben Sie nun Definitionen der Begriffe aus Aufgabe 1c. Benutzen Sie dafür Redemittel.

_____

_____

 2 Notieren Sie Begriffe zum Thema „Medien" auf Zettel und stellen Sie W-Fragen dazu (max. drei Fragen). Tauschen Sie die Zettel mit Ihrer Nachbarin / Ihrem Nachbarn. Sie oder er beantwortet die W-Fragen und schreibt eine Definition. Vergleichen Sie anschließend: Welche Definitionen sind gut gelungen, welche könnten noch besser sein?

> **Soziale Netzwerke**
>
> Wer benutzt?
> Was ist das?
> Welche Vorteile hat das?

> **Web 2.0**
>
> Was ist das?
> Warum heißt das 2.0?

Medien

Portfolio 1: Themenwahl für die Projektarbeit

Info

In der Vorbereitung auf die DSD II-Prüfung sollen Sie ein Projekt zu einem selbst gewählten Thema entwickeln. Die Ergebnisse Ihres Projekts stellen Sie dann im zweiten Teil der mündlichen Prüfung vor.

1 Mögliche Themen

a Hier sehen Sie Projektmappen aus den letzten Jahren. Aus welchen Bereichen stammen die Themen dieser Schülerinnen und Schüler? Ordnen Sie zu.

_____ Erneuerbare Energien	**1** Medien
_____ Gentechnik	**2** Politik
_____ Gratiszeitungen	**3** Natur
_____ Werbung	**4** Medizin
_____ Zukunftsprognosen	**5** _____
_____ Der Wert der Freiheit	**6** _____
_____ Klimawandel	**7** _____
	8 _____

b Welche Themenfelder / Bereiche fallen Ihnen außerdem ein? Ergänzen Sie sie in der Illustration.

 c Beraten Sie sich in kleinen Gruppen: Überlegen Sie gemeinsam, welche Bereiche Sie interessieren. Welches Thema könnten Sie präsentieren?

> Rafael, du engagierst dich doch für Tierschutz.

> Ja, das stimmt …

> Dann könntest du könnest doch ein Projekt zum Tierschutz machen, du könntest über Tierhaltung sprechen, über die Gesetzgebung in Deutschland und Polen dazu …

> Ja, das ist eine gute Idee.

Tipp

Denken Sie an Ihre Hobbys und Interessen, denn darüber können Sie sicherlich viel erzählen. Vielleicht haben Sie auch in einem anderen Kurs schon ein Thema präsentiert?

d Notieren Sie Ihre Idee:

Meine Hobbys / Interessen sind: _____

Ein mögliches Thema wäre: _____

Tipp

Für diesen Schritt müssen Sie das Thema noch nicht präzise formulieren. Beraten Sie sich mit Ihren Freunden und Eltern. Schauen Sie sich Projektarbeiten der früheren Klassen an. Sprechen Sie auf jeden Fall auch mit Ihrer DSD-Lehrerin / Ihrem DSD-Lehrer.

Selbstevaluation

Ich habe gemacht ...		Ich bin zufrieden ...		
	✓	☺	😐	☹
Wortschatz				
Leseverstehen				
Hörverstehen				
Schriftliche Kommunikation				
Mündliche Kommunikation				
Projekt				

Meine Wortliste zum Thema „Medien":

Sehen Sie sich noch einmal das Kapitel an und notieren Sie hier wichtige Wörter. Ergänzen Sie dann Ihre Notizen um Wörter, die Sie außerdem brauchen.

Sie können auch in Internet-Wörterbüchern nachschauen, z. B. unter www.pons.eu.

_____
_____
_____
_____
_____
_____
_____
_____
_____

_____
_____
_____
_____
_____
_____
_____
_____
_____

_____
_____
_____
_____
_____
_____
_____
_____
_____

_____
_____
_____
_____
_____
_____
_____
_____

Wichtige Redemittel

_____
_____
_____
_____
_____
_____
_____
_____

Meine Lieblingswörter

_____
_____
_____
_____
_____
_____
_____
_____

Wortschatztraining

1 Prima Klima?

a Zu welchem Foto passen die Komposita? Schreiben Sie die passende Nummer vor die Wörter.

☐ **Klimaveränderung**

☐ **Öko-Strom**

☐ **Naturschutzgebiet**

☐ **alternative Energiequellen**

☐ **Waldsterben**

☐ **Kohlendioxid-Emissionen**

b Erklären Sie die Komposita.

1. die Klimaveränderung = *die Veränderung des Klimas, z. B. ...* _____

2. der Öko-Strom = _____

3. die alternativen Energiequellen = _____

4. das Naturschutzgebiet = _____

5. die Kohlendioxid-Emissionen = _____

6. das Waldsterben = _____

c Bilden Sie Komposita und ordnen Sie zu: fossile Energiequellen / erneuerbare Energie?

der Wind
die Erd(e)   das Wasser
das Atom

die Kraft
die Energie   das Gas
das Öl   die Wärme

solar-   bio-   geo-

fossile Energiequellen	erneuerbare Energie
die Atomenergie	

2 Was passt zusammen? Ordnen Sie zu.

1	Wasser, Strom	A	wiederverwerten
2	Müll	B	benutzen
3	öffentliche Verkehrsmittel	C	sparen
4	alternative Energiequellen	D	schützen
5	Tiere und Pflanzen	E	sammeln
6	Glas, Papier und Getränkedosen	F	nutzen

3 Mülltrennung: Was ist das? Überlegen Sie, welche Abfälle in welche Tonne gehören und warum.

Prospekte | Eierschalen | Milchkartons | Fischgräten | Konservendosen | Kartons | Gemüsereste | Fallobst | Marmeladengläser | Plastiktüten | Weinflaschen | Blumen | Plastikflaschen | Porzellan | Nussschalen | Zeitschriften | Pappe | Jogurtbecher | Brotreste | Alufolie | Teebeutel | Staubsaugerbeutel | Kaffeesatz

 Plastik  Papier  Biomüll  Glas  Restmüll

4 Deutsche Wörter – internationale Wörter: Was gehört zusammen?

1	die Verringerung	A	die Emission
2	der Ausstoß	B	die Qualität
3	die technische Erneuerung	C	der Tourist
4	die Menge	D	die Reduktion
5	die Güte	E	die Ökologie
6	der Reisende	F	die Kontrolle
7	die Überprüfung	G	die technische Innovation
8	der Umweltschutz	H	die Quantität

Tipp

Im Deutschen gibt es für viele Fremdwörter auch ein deutsches Äquivalent. Lernen Sie diese zusammen.

_1 D,_

5 Umweltlexikon: Ordnen Sie die Begriffe den Definitionen zu.

1	die Luftverschmutzung	A	Rettung von gefährdeten Tieren und Pflanzen
2	die Ökologie	B	Störung des natürlichen Klimasystems durch die Erwärmung der Erdatmosphäre
3	der Artenschutz	C	Negative Veränderung der Luft durch Rauch, Staub, Gase und Dämpfe
4	das Recycling	D	Schutz der gesamten Tier- und Pflanzenwelt
5	der Klimawandel	E	Wissenschaft, die den Einfluss der Umwelt auf den Organismus und umgekehrt analysiert
6	der Naturschutz	F	Wiederverwendung von Rohstoffen aus Abfällen

Lösung: _1 C,_

Training Leseverstehen

► Das Leseverstehen 2 kennenlernen

1 Vorwissen aktivieren

a Lesen Sie die Überschrift. Worum könnte es im folgenden Text gehen?

> **Der touristische Klima-Fußabdruck – Reisen in Zeiten des Klimawandels**

Das Thema des Textes ist vermutlich: _____

b Haben Sie schon mal etwas über dieses Thema gelesen? Tauschen Sie sich mit Ihrer Nachbarin / Ihrem Nachbarn aus.

2 Den Text lesen und relevante Textstellen markieren

a Lesen Sie den Text. Überprüfen Sie Ihre Vermutung aus 1a.

Fußspuren im Sand – sie lassen uns träumen vom Klang des Meeres, von Entspannung, von ein paar schönen Tagen oder auch Wochen. Unsere Reiselust ist ungebremst, Millionen Deutsche zieht es jährlich an die Strände dieser Welt. Wir verteidigen
5 seit Jahren den Titel der Reiseweltmeister und geben auch am meisten Geld für Reisen aus, gefolgt von den USA und Großbritannien. Doch sind unsere Spuren im Sand die einzigen, die wir an allen beliebten Urlaubsorten hinterlassen? Nein, denn oft sehen wir bereits die Gefahren, die der Tourismus für die schöns-
10 ten Flecken der Erde bedeuten kann: mehr Verkehr, Flächenfraß, die Zersiedelung der Küsten, Abfallberge und den übermäßigen Verbrauch von Ressourcen.
Mit dem Klimawandel rücken auch die Treibhausgasemissionen durch das Reisen stärker in den Fokus. Der weltweite Tourismus
15 ist für fünf Prozent aller Treibhausgasemissionen verantwortlich. Die Menge der Emission ist dabei abhängig vom Verkehrsmittel sowie von der Entfernung zum Zielort: So machen Fernreisen per Flugzeug zwar nur knapp drei Prozent aller Reisen aus, verursachen aber 17 Prozent der klimaschädlichen Emissionen im Tourismus. Da Emissionen in großen Höhen den Treibhauseffekt 20 weitaus stärker anheizen als der Kohlendioxidausstoß am Boden, hat der Flugverkehr deutlich stärkere Auswirkungen.
Der World Wide Fund for Nature (WWF) hat das Reiseverhalten der Deutschen unter die Lupe genommen und festgestellt, dass die CO_2-Emissionen bei ihren Reisen etwa viermal so hoch wie der 25 Durchschnitt sind. Damit kann das Reiseverhalten der Deutschen kein Vorbild für andere Länder sein. Es gilt, den Klimaschutz in Zukunft schon während der Reiseplanung stärker zu berücksichtigen. Die Tourismusbranche muss endlich Verantwortung für den Klimaschutz übernehmen, z.B. würde eine transparente Darstel- 30 lung des CO_2-Reisefußabdrucks dem Verbraucher eine bewusste Entscheidung für eine naturverträgliche Reise ermöglichen.
Wenn man den Tourismus in den Dienst einer naturnahen wirtschaftlichen Entwicklung stellt, dann kann er auch positive Auswirkungen für Region und Menschen vor Ort haben, ist man 35 beim WWF überzeugt.

b Unten finden Sie vier Aussagen, die Sie prüfen sollen. Markieren Sie darin Signalwörter. Suchen Sie dann im Text die passenden Textstellen und notieren Sie die Zeilennummer.

Aussagen	Zeile
1. Deutsche reisen am häufigsten.	_3–5_
2. Der Tourismus hat positive Auswirkungen auf die Umwelt.	_____
3. Der Klimawandel ist ins Zentrum des Interesses gerückt.	_____
4. Die Wahl des Urlaubslandes ist für viele Menschen sehr wichtig.	_____

c Welche Wörter haben Ihnen geholfen, die Textstelle zu finden?

	Signalwörter in der Aussage		Signalwörter im Text
1	Deutsche, reisen, häufig	A	Millionen Deutsche, Reiseweltmeister
2		B	
3		C	
4		D	

Tipp

Wörter, die helfen, die passende Textstelle zu finden, nennt man „Signalwörter". Oft finden Sie Signal-wörter in den Aussagen im Text, manchmal finden Sie aber auch Synonyme oder abgeleitete Wörter.

3 Textstellen und Aussagen vergleichen

a Geben Sie die Textstelle 1 mit eigenen Worten wieder und vergleichen Sie diese mit Aussage 1.

Unsere Reiselust ist ungebremst, Millionen Deutsche zieht es jährlich an die Strände dieser Welt. Wir verteidigen seit Jahren den Titel der Reiseweltmeister und geben auch am meisten Geld für Reisen aus, …

1	Deutsche reisen am häufigsten.

Tipp

Bei diesem Schritt müssen Sie nun den Text ganz genau lesen (= Detailliertes Lesen).

Sind Aussage und Text identisch? Kreuzen Sie an. Begründen Sie Ihre Entscheidung.

☐ Ja ☐ Nein ☐ Der Text sagt dazu nichts.

▷ Wenn die Aussage mit dem Text übereinstimmt, dann ist die Lösung „richtig".

b Geben Sie die Textstelle 2 mit eigenen Worten wieder und vergleichen Sie diese mit Aussage 2.

Doch sind unsere Spuren im Sand die einzigen, die wir an allen beliebten Urlaubsorten hinterlassen? Nein, denn oft sehen wir bereits die Gefahren, die der Tourismus für die schönsten Flecken der Erde bedeuten kann: mehr Verkehr, Flächenfraß, die Zersiedelung der Küsten, Abfallberge und den übermäßigen Verbrauch von Ressourcen.

2	Der Tourismus hat positive Auswirkungen auf die Umwelt.

Sind Aussage und Text identisch? Kreuzen Sie an. Begründen Sie Ihre Entscheidung.

☐ Ja ☐ Nein ☐ Der Text sagt dazu nichts.

▷ Behauptet der Text das Gegenteil der Aussage, dann ist die Lösung „falsch".

c Geben Sie die Textstelle 3 mit eigenen Worten wieder und vergleichen Sie diese mit Aussage 3.

Mit dem Klimawandel rücken auch die Treibhausgasemissionen durch das Reisen stärker in den Fokus. Der weltweite Tourismus ist für fünf Prozent aller Treibhausgasemissionen verantwortlich.

Vergleichen Sie nun mit Aussage 3.

3	Der Klimawandel ist ins Zentrum des Interesses gerückt.

Sind Aussage und Text identisch? Kreuzen Sie an. Begründen Sie Ihre Entscheidung.

☐ Ja ☐ Nein ☐ Der Text sagt dazu nichts.

▷Auch wenn die Aussage nur zum Teil mit dem Text übereinstimmt, ist die Lösung „falsch".
Hier ist es nicht der Klimawandel, der in den Fokus, also ins Zentrum des Interesses gerückt ist, sondern die Treibhausgase, die durch das Reisen entstehen.

d Geben Sie die Textstelle 4 mit eigenen Worten wieder und vergleichen Sie diese mit Aussage 4.

Die Menge der Emission ist dabei abhängig vom Verkehrsmittel sowie der Entfernung vom Zielort: So machen Fernreisen per Flugzeug zwar nur knapp drei Prozent aller Reisen aus, verursachen aber 17 Prozent der klimaschädlichen Emissionen im Tourismus.

4	Die Wahl des Urlaubslandes ist für viele Menschen sehr wichtig.

Sind Aussage und Text identisch? Begründen Sie Ihre Entscheidung.

☐ Ja ☐ Nein ☐ Der Text sagt dazu nichts.

▷Wenn die Aussage im Text nicht vorhanden ist, dann ist die Lösung „Der Text sagt dazu nichts".

4 Ergänzen Sie die Aussagen im Kasten.

ein Kreuz | vorhanden | identisch | Reihenfolge | passende | nicht | falsch

> **Info**
>
> In der Aufgabe 2 des Leseverstehens müssen Sie sieben Aussagen überprüfen. Dazu müssen Sie
> zunächst die _____ Textstelle finden. In einem zweiten Schritt entscheiden Sie:
> - Ob die Aussage _____ ist. Wenn ja, dann machen Sie _____ bei **richtig**.
> - Ob die Aussage _____ identisch ist, sondern das Gegenteil formuliert wird bzw. etwas
>   anderes richtig ist. Ist das der Fall, dann machen Sie ein Kreuz bei _____.
> - Ob die Aussage im Text _____ ist. Wenn nicht, dann machen Sie ein Kreuz bei **Der Text
>   sagt dazu nichts**.
> Die _____ der Aussagen folgt dem Text.

5 So sieht die Aufgabe in der Prüfung aus. Überprüfen Sie nun drei weitere Aussagen zum gleichen Text.

Aussage	richtig	falsch	Der Text sagt dazu nichts.
5. Fast ein Fünftel aller CO_2-Emissionen wird durch Reisen mit dem Flugzeug verursacht.			
6. Die Deutschen müssen ihr Reiseverhalten ändern.			
7. Der WWF denkt darüber nach, wie man Regionen und Menschen vor Ort beim naturnahen Tourismus unterstützen kann.			

Training Hörverstehen

► Das Hörverstehen 3 kennenlernen

1 Synonyme erkennen und lernen

a Kreuzen Sie an: Was ist keine synonyme Formulierung – A, B oder C?

	Wortgruppe	A	B	C
1	sich interessieren für	sich begeistern für	etwas beschreiben	ein Interesse zeigen an
2	ein Buch schreiben	ein Buch veröffentlichen	ein Buch kritisieren	ein Buch verfassen
3	berühmt werden	beliebt sein	bekannt werden	Bekanntheit erlangen
4	umkommen durch etwas	an etwas sterben	verenden durch etwas	ankommen auf etwas
5	beeinflussen	abhängen von	sich auswirken auf	eine Wirkung haben auf
6	Ergebnisse erhalten	zu einer Einsicht kommen	Resultate bekommen	Erfahrungen machen
7	eine Basis schaffen	gründlich arbeiten	die Grundlage schaffen für	den Grundstein legen für
8	mit Maßnahmen der Überprüfung beginnen	Test bestehen	Kontrollmaßnahmen einleiten	Überprüfungen starten

b Hören Sie den Text ein erstes Mal. Welche Formulierung hören Sie – A, B oder C?

1	A	2		3		4		5		6	

c Wörtermarkt: Schreiben Sie neue Wörter auf Kärtchen und geben Sie diese in der Klasse herum. Wer weiß ein Synonym? Notieren Sie dieses auf der Rückseite! Vergessen Sie den Artikel und den Plural nicht!

die Umwelt   die Umgebung, -en

der Umweltschutz   die Ökologie   sich sorgen um   sich kümmern um

2 Die Aufgaben lesen und lösen

a Lesen Sie die Aufgaben 1–8. Markieren Sie wichtige Signalwörter. Wie lange brauchen Sie dafür?

> **Info**
>
> In der Prüfung haben Sie vor dem Hören zwei Minuten Zeit, um die Aufgaben zu lesen.

b Hören Sie den Text „Die erste Umweltaktivistin" noch einmal und kreuzen Sie die Lösung an.

1. Rachel Carson begeisterte sich ... für die Natur und das Schreiben.

   A ☐ schon als Kind

   B ☐ erst als Erwachsene

   C ☐ erst während des Studiums

2. Bereits in ihren ersten Büchern schreibt sie, dass

   A ☐ der Mensch nicht Teil der Natur ist.

   B ☐ der Mensch zur Natur dazugehört.

   C ☐ der Mensch die Natur verstehen muss.

3. Das Thema Umweltschutz wurde für Rachel Carson

   A ☐ sehr wichtig.

   B ☐ ein Hobby.

   C ☐ eine ehrenamtliche Aufgabe.

4. Nach einer Sprühaktion mit dem Insektengift DDT starben

   A ☐ viele Menschen.

   B ☐ nur Mücken und ihre Larven.

   C ☐ viele Vögel.

5. Rachel Carson beschäftigte sich in ihrem Buch „Der stumme Frühling" mit

   A ☐ den Auswirkungen von Insektengiften auf Menschen und Tiere.

   B ☐ der Erforschung von Insektengiften.

   C ☐ dem Sterben der Vögel.

6. Das Buch „Der stumme Frühling"

   A ☐ veränderte die Begriffe „Umwelt" und „Ökologie".

   B ☐ war eines der wichtigsten Umweltbücher damals.

   C ☐ war der Beginn einer Bewegung für den Umweltschutz.

7. Nach dem Erscheinen des Buchs

   A ☐ protestierten die Landwirtschaft und die Chemie-Industrie Amerikas.

   B ☐ wurde es verboten.

   C ☐ beglückwünschte Präsident John F. Kennedy die Autorin dazu.

8. Rachel Carsons Buch „Der stumme Frühling" beschreibt

   A ☐ die Auswirkungen von chemischen Stoffen auf die Umwelt.

   B ☐ das Entstehen der ersten Öko-Bewegung.

   C ☐ die Erfindung von Insektengiften.

Training Schriftliche Kommunikation

► Textwiedergabe

1 Weitere Redemittel zur Textwiedergabe

a An welche Redemittel zur Textwiedergabe erinnern Sie sich? ► Kapitel 1

b Ergänzen Sie weitere Redemittel in einer Tabelle in Ihrem Heft.

Nach Aussagen des Autors … | Der Text gibt eine Definition des Begriffs „…". | Als Beispiele werden … genannt / angeführt. | Der Text nennt folgende Gründe für … | Der vorliegende Text hat das Thema „…". | Der Text informiert darüber, dass … | Der Text informiert über … | Im Text steht … | Laut Text / Autor gibt es … | Als Beispiel wird im Text … beschrieben. | „…" wird im Text so definiert: … | Der Artikel mit dem Titel „ …" behandelt das Thema … | Im Text werden Gründe für … genannt / angeführt / aufgezählt: … | Ein wichtiges Beispiel für … ist …

Thema des Textes	Beispiele

Informationen des Textes	Definitionen
	Begründungen

2 Eigenen Wortschatz benutzen

a Lesen Sie den folgenden Text und markieren Sie wichtige Informationen. Schreiben Sie Stichwörter an den Rand. ► Kapitel 1

Müll: Zusammen oder getrennt? – von Abel Müller –

Jeder Mensch in Deutschland produziert durchschnittlich ca. 450 kg Müll im Jahr. Was passiert damit? Der Müll wird getrennt und recycelt. In Deutschland weiß heute jedes Kind, dass Essensreste in die Biotonne, Zeitungen in die Papiertonne und Joghurtbecher in die Gelbe Tonne gehören. Denn Müll ist kostbar und kann wiederverwertet werden.

Mülltrennung, wie sie heute üblich ist, begann in den 90er-Jahren. Man wollte mehr Wertstoffe aus dem Müll fischen. Der Start war schwierig, denn damals waren die Sortieranlagen nicht so gut wie heute. Der meiste Müll wurde doch wieder verbrannt, deshalb zweifelten die Menschen am Sinn des Sammelns und Sortierens.

Fast 20 Jahre nach Einführung von Grünem Punkt und Gelbem Sack gibt es hochmoderne Maschinen zum Trennen und Sortieren des Abfalls. Heute werden mittlerweile 60 Prozent unseres Mülls recycelt und auch vom Restmüll werden bis zu 20 Prozent wiederverwertet. Nur wenig wird noch verbrannt.

Die Verbraucher fragen deshalb: Warum müssen wir den Müll trennen, wenn es so effiziente Sortiermaschinen gibt? Die Antwort ist einfach: Die Maschinen funktionieren nicht effektiv, wenn der Müll nicht schon vorher gut getrennt ist.

Es ist gut, dass wir dank moderner Technik viele wertvolle Rohstoffe recyceln können. Noch effektiver wäre es aber, Müll schon beim Einkaufen zu vermeiden. Was man nicht hat, muss man auch nicht trennen.

Quelle: Stadtpost, Februar 2015 (zu Prüfungszwecken bearbeitet)

b Lesen Sie diese Textwiedergabe, die Formulierungen aus dem Text wörtlich übernommen hat. Welche der Formulierungen unten ist synonym für die unterstrichenen Satzteile?

> Der Text von Abel Müller mit dem Titel „Müll: Zusammen oder getrennt?" wurde im Jahr 2015 in der Stadtpost veröffentlicht. Es geht darum, ob man Müll wirklich trennen soll. Der Autor schreibt, dass in Deutschland heute (1) <u>jedes Kind weiß, dass Joghurtbecher in die Gelbe Tonne gehören.</u> Abel Müller weist dann darauf hin, dass (2) <u>der Start der Mülltrennung in den 90er Jahren schwierig war.</u> Damals (3) <u>waren die Sortieranlagen noch nicht so gut wie heute</u>, sodass sehr viel Müll verbrannt wurde. Aus diesem Grund (4) <u>zweifelten die Menschen am Sinn des Sammelns und Sortierens.</u> Die Maschinen heute, so weiter im Text, seien aber viel besser. Deshalb könnten (5) <u>60 Prozent unseres Mülls recycelt werden.</u> Jetzt würden die Verbraucher aber fragen: (6) <u>Warum müssen wir den Müll trennen, wenn es solche effizienten Sortiermaschinen gibt?</u> Am Ende stellt der Autor fest, dass es am besten wäre, (7) <u>Müll schon beim Einkaufen zu vermeiden.</u>

1. **A** <u>jeder weiß, wie man Müll trennt.</u>
   B Kinder viel über Mülltrennung wissen.

2. **A** der Beginn war einfach
   B der Beginn war problematisch

3. **A** arbeiteten die Sortieranlagen noch schlecht
   B gab es nur wenig Sortiermaschinen

4. **A** waren die Menschen nicht sicher, ob Mülltrennen sinnvoll ist.
   B waren die Menschen beim Mülltrennen sehr unsicher.

5. **A** wird mehr als die Hälfte des Abfalls
   B wird weniger als die Hälfte des Abfalls

6. **A** warum die Maschinen so gut trennen
   B warum die Verbraucher den Müll trennen sollen, wenn es so gute Maschinen gibt.

7. **A** wenn man einkauft, auf weniger Müll zu achten.
   B wenig Müll zu kaufen.

Info

Bei der Textwiedergabe erwartet man von Ihnen einen weitestgehend eigenen Wortschatz. Deswegen sollten Sie die Informationen des Textes umschreiben. Einige wenige Formulierungen des Textes können Sie verwenden.

c Schreiben Sie eine Textwiedergabe des Textes von S. 27 und verwenden Sie dabei synonyme Formulierungen.

 3 Bilden Sie Gruppen von je sechs Personen. Jede/r wählt sich ein Wort aus dem Text von S. 27 aus. Schreiben Sie das Wort auf einen Zettel und geben Sie ihn an Ihre Nachbarin / Ihren Nachbarn weiter. Sie oder er notiert ein Synonym zu diesem Wort, faltet dann das erste Wort um und gibt den Zettel weiter. Nun schreibt die / der Nächste in der Gruppe ein Synonym zu dem Wort auf den Zettel, das nicht weggefaltet wurde. Dann wird das gelesene Wort wieder weggefaltet und der Zettel wieder weitergegeben. Am Ende bekommt jeder seinen Zettel zurück. Prüfen Sie: Sind wirklich alle Wörter synonym? Sie dürfen Hilfsmittel benutzen.

Training Mündliche Kommunikation

► Vorgegebene Aspekte in Beziehung zum Thema setzen, den Vortrag gliedern

1 Die Stichwörter zum Thema

a Nationalparks: Arbeiten Sie zu zweit. Ergänzen Sie Aspekte, die Ihnen zum Thema „Nationalparks" einfallen und schreiben Sie diese in die leeren Felder des Schemas.

b Vergleichen Sie die Stichwörter im Kurs.

c Erklären Sie, was Ihre Stichwörter mit dem Hauptthema zu tun haben. Bilden Sie zu Ihren Stichwörtern je zwei, drei Sätze.

> Ich habe das Stichwort Umweltschutz gewählt, weil Nationalparks geschaffen werden, um die Umwelt in einem bestimmten Gebiet zu schützen.

Info

Im ersten Teil der mündlichen Prüfung bekommen Sie ein Cluster zu einem Thema wie in Aufgabe 1a. Sie sollen drei bis fünf Minuten darüber sprechen und mindestens drei der vorgegebenen Stichwörter einbeziehen. Machen Sie dabei den Zusammenhang zum Thema deutlich.

d Eine Definition: In dieser Wortschlange hat sich die Definition des Begriffes „Nationalpark" versteckt. Korrigieren Sie die Kleinschreibung und setzen Sie Satzzeichen.

einnationalparkisteinklardefiniertesausgedehntesgebietdasdurchspeziellemaßnahmen vorschädlichenmenschlicheneingriffenundvorumweltverschmutzungggeschütztwirdmeist sinddiesgebietedieökologischbesonderswertvollsindoderübernatürlicheschönheitverfügen undimauftrageinerregierungverwaltetwerden

2 Eine Gliederung des Vortrags erstellen

a Wählen Sie drei Stichwörter aus Aufgabe 1a aus. Überlegen Sie: In welcher Reihenfolge wollen Sie darüber sprechen? Was wollen Sie zu jedem Stichwort sagen? Notieren Sie Ideen dazu. Vergessen Sie auch die Definition des Begriffs „Nationalpark" nicht. ► Kapitel 1

b Präsentieren Sie Ihre Gliederung in der Klasse und diskutieren Sie: Ist das eine sinnvolle Gliederung?

Tipp

Nutzen Sie die Stichwörter, um eine Gliederung Ihres Vortrags zu erstellen. In welcher Reihenfolge sind Ihre gewählten Stichwörter sinnvoll?

Portfolio 2: Aspekte zum Thema sammeln und Kriterien berücksichtigen

Info

In Ihrer Projektarbeit sollen Sie mehrere Seiten / Aspekte Ihres Themas präsentieren und diese durch konkrete Beispiele veranschaulichen.

1 Aspekte zu einem Thema sammeln

a Machen Sie ein Brainstorming. Beziehen Sie dabei auch Ihre Familie oder Ihre Freunde ein: Was möchten sie zu Ihrem Thema wissen? Notieren Sie alle Ideen auf einem großen Plakat oder auf Merkzetteln.

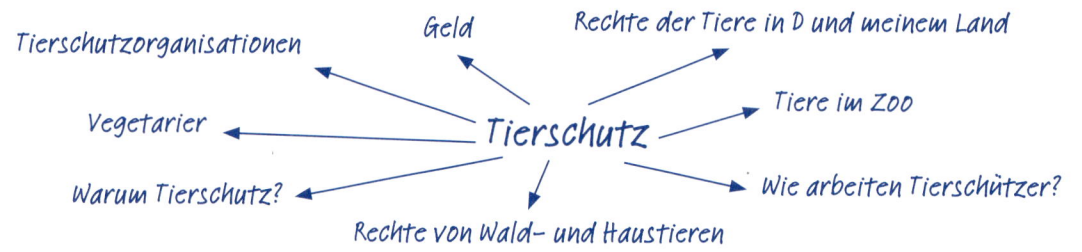

Tipp

Ergänzen Sie Ihr Ideenblatt schrittweise, es muss nicht sofort fertig sein. Nehmen Sie sich ein paar Tage Zeit dafür. In diesem Schritt sind alle Ideen willkommen.

2 DSD-Kriterien

Tipp

Bevor Sie sich endgültig für Ihr Thema entscheiden, sollten Sie sich über die Anforderungen der DSD II-Prüfung an das Thema der Projektarbeit informieren.

a Lesen Sie die Bewertungskriterien zum DSD II und ordnen Sie die Fragen A bis F den einzelnen Punkten zu.

Kriterien	Fragen	Mein Thema
1. Das Thema sollte problemorientiert sein, sodass der Schüler sinnvoll einen Standpunkt beziehen und verteidigen kann.	A	✓
2. Der Schüler muss im Vortrag unterschiedliche Blickweisen auf den Inhalt des Vortrags vorstellen, also nicht nur die eigene Position verdeutlichen.		
3. Literarische oder kunstgeschichtliche Themen müssen einen kontroversen Kern haben, damit eine Auseinandersetzung möglich ist.		
4. Das Thema darf nicht nur beschreibend oder historisch sein.		
5. Die Themen müssen einen Bezug zum deutschsprachigen Raum haben.		

A Was ist meine Meinung zu dem Thema?
B Wessen (welche) Perspektiven kann ich in Bezug auf mein Thema präsentieren?
C Beschreibt mein Thema nur einen historischen oder künstlerischen Sachverhalt?
D Gibt es bei meinem Thema eine Frage, die man kontrovers diskutieren kann?
E Wo gibt es bei meinem Thema den Bezug (Vergleich) zum deutschsprachigen Raum?
F Welche verschiedenen Standpunkte kann ich bei meinem Thema beschreiben?

b Prüfen Sie nun Ihre Aspekte. Erfüllen sie alle Kriterien? Haken Sie die Punkte ab, die Sie bereits haben.

Selbstevaluation

Ich habe gemacht ...		Ich bin zufrieden ...		
	✓	☺	😐	☹
Wortschatz				
Leseverstehen				
Hörverstehen				
Schriftliche Kommunikation				
Mündliche Kommunikation				
Projekt				

Meine Wortliste zum Thema „Umwelt":

Sehen Sie sich noch einmal das Kapitel an und notieren Sie hier wichtige Wörter. Ergänzen Sie dann Ihre Notizen um Wörter, die Sie außerdem brauchen.

Wichtige Redemittel

Meine Lieblingswörter

3 Technik und Wissenschaft im Alltag

Wortschatztraining

1 ABC der Wissenschaften

a Finden Sie zu jedem Buchstaben des Alphabets eine Wissenschaft?

A: Arithmetik, B: Betriebswirtschaft, C: ...

b Wie lautet der Artikel der Wissenschaften?

Wissenschaften mit der Endung -ik	*die (feminin)*	Wissenschaften mit der Endung -ie	
Wissenschaften mit der Endung -schaft		Wissenschaften mit der Endung -kunde	

2 Was Wissenschaftler tun. Welche Nomen und Verben gehören zusammen? Formulieren Sie Beispielsätze.

präsentieren | durchführen | aufstellen | betreiben | beobachten | lehren | prüfen | schreiben

1. die Natur *beobachten*	5. an einer Universität
2. ein Experiment	6. Studenten
3. ein Ergebnis	7. einen Artikel
4. Forschung	8. eine These

3 Bilden Sie mithilfe des Präfixes ver- Verben, die eine Veränderung beschreiben. Ergänzen Sie noch eigene Beispiele.

x 2	*verdoppeln*	klein	*verkleinern*
x 3		kurz	
x 4		groß	
x 10		mehr	
x 100		einfach	
viel		gering	

Training Hörverstehen

▶ Das Hörverstehen 2 wiederholen ▶ Kapitel 1

1 Lesen Sie zunächst den Text und beantworten Sie Fragen dazu.

Was sind Gene und wo findet man sie?

Alles, was lebt oder einmal gelebt hat, enthält Gene. Menschen und Fliegen genau so wie Schinken, Tomaten, Bakterien usw. Gene sind Informationseinheiten, die bestimmen, wie wir aussehen und welche vererbbaren Eigenschaften wir haben. Sie entscheiden zum Beispiel darüber, ob wir blaue oder braune Augen haben. Wir erben die eine Hälfte unserer Gene von unserer Mutter und die andere Hälfte von unserem Vater.

Auch Pflanzen haben Gene. Diese bestimmen zum Beispiel, welche Farbe ihre Blüten haben oder wie hoch sie wächst. Wie beim Menschen werden die Merkmale einer Pflanze auf ihre „Kinder" übertragen – auf die Pflanzensamen, die zu neuen Pflanzen heranwachsen.

Was ist gentechnische Modifikation oder Veränderung?

Wenn man einen Organismus, zum Beispiel eine Pflanze oder ein Tier, gentechnisch verändert, verändert man die genetisch festgelegten Merkmale dieses Lebewesens. Zum Beispiel können Erdbeeren gen-

technisch so verändert werden, dass sie länger frisch bleiben. Ein anderes Beispiel ist Reis, der gentechnisch so manipuliert werden kann, dass er mehr Vitamine enthält.

Eine andere Möglichkeit, eine Pflanze gentechnisch zu modifizieren, ist ihr zusätzlich zu ihren eigenen Genen ein weiteres Gen hinzuzufügen, das aus einem anderen Lebewesen stammt. Dieses Gen kann zum Beispiel aus einem Bakterium stammen, das gegen ein bestimmtes Pflanzenschutzmittel resistent ist. Wenn ein Wissenschaftler nun dieses Gen in das Genom der Pflanze einbaut, so hat dies zur Folge, dass die – nun gentechnisch veränderte – Pflanze ebenfalls unempfindlich gegen dieses Pflanzenschutzmittel wird. Mithilfe der Gentechnik ist es also möglich, Gene von einer Gattung auf eine andere zu übertragen. Das funktioniert deshalb, weil alle Gene, sowohl menschliche wie auch pflanzliche, tierische und bakterielle Gene, aus dem gleichen Material aufgebaut sind. Den Wissenschaftlern stehen somit, zumindest theoretisch, große Mengen an genetischen Merkmalen zur Verfügung, aus denen sie auswählen können.

1. Wo finden wir Gene?
2. Was bestimmen die Gene?
3. Was passiert, wenn man Lebewesen gentechnisch verändert?
4. Welche zwei Methoden der gentechnischen Veränderung gibt es?
5. Warum ist es möglich, Gene von einer Gattung auf die andere zu übertragen?

2 Ein Wort passt nicht.

1. Lebewesen: Organismus – Tier – Pflanze – Stein – Mensch
2. Merkmale sind: festgelegt – bestimmt – verankert – festgesetzt – festgeklebt
3. Gene: verändern – modifizieren – ändern – ausschalten – anpassen
4. etwas zur Folge haben – jemanden / etwas verfolgen – eine Folge sein von – folgen aus + D – etwas mit sich bringen
5. aufgebaut sein aus – bestehen aus – kommen aus – zusammengesetzt sein aus
6. das Merkmal – das Charakteristikum – die Eigenschaft – das Denkmal

3 Wörter verstehen: Wählen Sie schwierige oder für Sie neue Wörter aus dem Text oben aus und schreiben Sie Vokabelkärtchen. Notieren Sie andere Wörter aus der gleichen Wortfamilie oder wichtige Komposita.

vererbbar (Adjektiv)

Verb: erben + A / vererben + D + A
Nomen: das Erbe / die Vererbung
Adjektive: erblich / vererbt = angeboren
vererbbar = etwas kann vererbt werden

übertragen (Verb) = weitergeben

Nomen: die Übertragung
Adjektiv: übertragbar

4 Aussagen Personen zuordnen

a Lesen Sie die drei Haltungen A – C zum Thema „Gentechnik". Welche der Aussagen unten passt zu welcher Haltung? Ordnen Sie zu.

A Person lehnt Gentechnik ab.
B Person findet Gentechnik weder positiv noch negativ.
C Person findet die Perspektiven der Gentechnik gut.

1. Nichts ist nur gut oder schlecht.

2. … gehört nur ins Labor!

3. Es besteht die Hoffnung, dass Krankheiten geheilt werden können.

4. Wir sollten die Finger davon lassen.

5. Dazu habe ich keine Meinung.

6. Das ist nicht eindeutig.

7. … ist eine große Chance.

8. Davon halte ich gar nichts.

Info

Eine Aussage erst ganz zu hören, sich wenige Stichwörter zu notieren und sie dann damit selbst zu formulieren – das kann Ihnen helfen, die richtige Lösung zu finden. Konzentrieren Sie sich beim ersten Hören nicht so sehr auf Details, sondern versuchen Sie, die globale Aussage zu verstehen. Erweitern Sie beim zweiten Hören Ihre Notizen, das erleichtert es Ihnen, die Aussagen zuzuordnen.

6–9

b Hören Sie jetzt 4 Personen zum Thema „Gentechnik". Entscheiden Sie beim Hören, welche Aussage (A, B oder C) zu welcher Person passt. ▶ Kapitel 1

	A	B	C
	Person lehnt Gentechnik ab.	Person findet Gentechnik weder positiv noch negativ.	Person findet die Perspektiven der Gentechnik gut.
Person 1			
Person 2			
Person 3			
Person 4			

6–9

c Hören Sie die Personen noch einmal. Kreuzen Sie während des Hörens an, ob folgende Aussagen von den Sprechern gemacht werden. Zwei Aussagen hören Sie nicht.

A Die Gentechnik ist eine Hoffnung für viele Hungernde auf der Welt.
B Der Einsatz der Gentechnik sollte auf die Heilung von Krankheiten beschränkt sein.
C Die Gentechnik ist eine große Chance für Allergiker.
D Die Folgen der Erbgutmodifikation sind noch unbekannt.
E Sowohl die Chancen als auch die Risiken von Gentechnik müssen wissenschaftlich bewiesen werden.
F Von der Gentechnik werden nur wenige profitieren.

	A	B	C	D	E	F
Person 1						
Person 2						
Person 3						
Person 4						

Training Leseverstehen

▶ Das Leseverstehen 3 kennenlernen

1 Beziehungen im Text

a Welche beiden Sätze gehören zusammen?

1	Stau ist Stress.	A	Eine Idee dafür gibt es bereits.
2	Die Autos fahren im Schneckentempo.	B	Deshalb versucht man oft, ihn zu umfahren.
3	Verstopfte Straßen sind ein großes Problem.	C	Sie suchen nach Alternativen.
4	Die Wissenschaftler arbeiten an neuen Verfahren.	D	Schon aus ökologischen Gründen sollte es gelöst werden.
5	Eine Lösung des Verkehrsproblems muss gefunden werden.	E	Dadurch ließe sich der Stau vermeiden.
6	Eine Möglichkeit könnte das neue Transportsystem Cargo Cap sein.	F	Bei geringer Geschwindigkeit braucht der Motor viel Benzin.

1 B, _____

 b Welche Wörter zeigen Ihnen, dass die Sätze zusammengehören? Welche Beziehungen haben diese Wörter? Tauschen Sie sich mit Ihrer Nachbarin / Ihrem Nachbarn aus.

Beispiel:

1. *B* , weil *„ihn" sich auf das Wort „Stau" bezieht.* _____
2. ____, weil _____
3. ____, weil _____
4. ____, weil _____
5. ____, weil _____
6. ____, weil _____

> **Info**
>
> In der dritten Aufgabe des Leseverstehens sollen Sie fünf Lücken eines Textes schließen. Sie haben dafür sieben Sätze zur Auswahl. Schauen Sie sich genau den Satz vor und nach der Lücke an und achten Sie auf Synonyme, Verweiswörter und Konnektoren.

c Lesen Sie den Text. Schreiben Sie alle Wörter, die für „Cargo Cap" stehen, in die Kästchen unten.

Cargo Cap muss man sich wie ein unterirdisches Rohrpostsystem vorstellen. Diese Art des Gütertransports ist eine Transportalternative für die Zukunft. Mit Cargo Cap verschwinden die Staus auf den Straßen. Mithilfe dieses Tunnelsystems lassen sich auch Umweltprobleme lösen. Lästiger Lärm und Abgase verschwinden durch dieses unterirdische Versandsystem. Dieser Möglichkeit, Güter zu transportieren, gehört die Zukunft und sie ist gar nicht mehr weit entfernt.

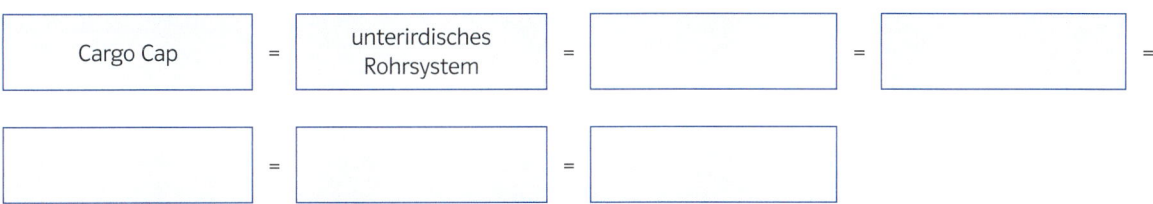

> **Info**
>
> Wichtige Begriffe werden umschrieben oder durch Synonyme ersetzt.

d Lesen Sie den kleinen Text und markieren Sie alle Wörter, die für den Begriff „Cargo Cap" stehen.

Das „Cargo Cap System" muss man sich wie ein unterirdisches Rohrpostsystem vorstellen. Es ist die Transportalternative für die Zukunft. Mit ihm verschwinden die Staus auf den Straßen. Mit seiner Hilfe lassen sich auch Umweltprobleme lösen: Dadurch werden lästiger Lärm und Abgase reduziert. Es ist eine Möglichkeit, Güter zu transportieren. Diesem System gehört die Zukunft – sie ist gar nicht mehr weit entfernt.

Cargo Cap System	=		=		=		=

	=		=	

Info

Wichtige Begriffe können durch Pronomen oder Pronominaladverbien ersetzt werden.

e Markieren Sie durch Pfeile und Kreise wie im Beispielsatz, wie der mittlere Satz mit dem Satz davor und danach verbunden ist.

Beispiel:
Jeden Tag staut sich der Verkehr in Ballungszentren. Dann geht in den Metropolen nichts mehr. Alles steht still.

1. Cargo Cap wurde für den Nah- und Regionalbereich von Ballungsräumen konzipiert. Es ist als Alternative zu den bereits existierenden Transportwegen Straße, Schiene, Wasser und Luft entstanden. Auf diese soll aber nicht verzichtet werden.

2. Mit einer Durchschnittsgeschwindigkeit von 36 Kilometer pro Stunde fahren die Transportbehälter, auch Cargo Caps genannt, 24 Stunden pro Tag. Das ist immerhin viermal so schnell wie ein LKW in einer Stadt. Ein weiterer Vorteil ist der umweltfreundliche Antrieb durch einen Elektromotor.

2 So sieht die Aufgabe in der Prüfung aus: Setzen Sie den richtigen Satz aus der Satzliste in die Lücken. Ein Satz bleibt übrig. Begründen Sie Ihre Entscheidung.

A	Das ist der wesentliche Unterschied zur Bahn oder zur Rohrpost.
B	Das Postversandsystem ist nun aber veraltet.
C	Nun wird diese Idee wieder aufgegriffen.

Technik löst Verkehrsproblem

Modernes Verkehrsmittel „Cargo Cap" – ein Bochumer Forschungsprojekt

Vom Anfang bis zur Mitte des 20. Jahrhunderts wurde in Chicago ein Rohrpostsystem erprobt und auch die Londoner Post betrieb etwa zur gleichen Zeit ein unterirdisches Postversandsystem. _____. Professor Dietrich Stein von der Uni Bochum hat das Konzept mit führenden Experten aus Wirtschaft und Wissenschaft weiterentwickelt. Das neue System heißt „Cargo Cap". Im Versuchsprogramm und auf der Teststrecke hat sich diese Transportalternative schon bewährt. Eine

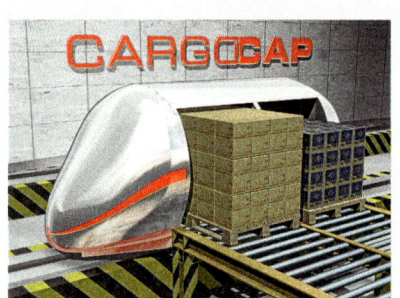

intelligente Software übernimmt die computergestützte Steuerung der Transportbehälter, Caps genannt. Sie steuert jeden einzelnen Wagen im Rohrleitungssystem. _____. Die Caps fahren zwar im Verbund wie ein traditioneller Zug, sind aber individuell steuerbar. Dadurch wird das System flexibel. Die Wagen werden nicht nur durch eine intelligente Software gesteuert, sondern auch durch elektromagnetische Impulse vorwärts bewegt. Erst durch die Anwendung moderner Technik kann das alte Rohrpostsystem zu einer neuen Lösung für die Verkehrsprobleme werden.

Training Mündliche Kommunikation

▶ Die Reihenfolge der Stichwörter festlegen, Stichpunkte zu den Stichwörter machen, eine Folie erstellen

1 Kurzvortrag: Stichwörter auswählen und gliedern

a Wählen Sie drei Stichwörter zum Thema „Wissenschaft" aus und notieren Sie Stichpunkte dazu.

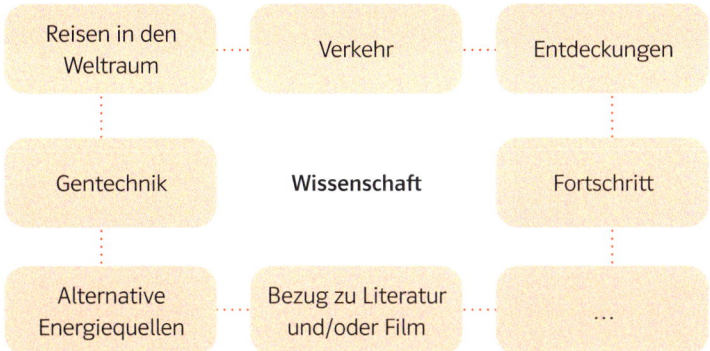

b Gliedern Sie die Reihenfolge Ihrer Stichwörter.

> Wissenschaft
> 1. Entdeckungen: – das Erste, woran man bei Wiss. denkt
>   – wichtige Entd.: Penicillin, Bekämpfung von Infektionskrankheiten, weniger Tote
>   – Entdeckung der Radioaktivität: neue Energiequelle
> 2. Verkehr: ...

Tipp

Sie können die Gliederung Ihres Vortrags aufschreiben (auf Folie, Papier oder auf anderen Medien, die Ihnen zur Verfügung stehen). Mit dieser optischen Hilfe können die Zuhörer ihrem Vortrag leichter folgen.

❯ Nun haben Sie den Vortrag inhaltlich vorbereitet. Wichtig für einen guten Vortrag ist es, diese Struktur zu verbalisieren, d.h. die Struktur zu erläutern.

2 Kurzvortrag: Den Aufbau erläutern

a Schreiben Sie die Redemittel für die Einleitung, die Überleitungen von einem Stichwort zum nächsten und den Abschluss Ihres Vortrags in eine Tabelle in Ihr Heft.

Das Thema meiner ersten Aufgabe lautet … | Abschließend kann ich sagen, dass … | Nun komme ich zum nächsten Punkt. | Das führt mich zum nächsten Punkt. | Heute möchte ich über … sprechen. | Unter … versteht man zunächst … | Was bedeutet das für …? | Das nächste Stichwort betrifft … | Zum Abschluss lässt sich sagen, dass … | Nachdem ich diesen Aspekt erläutert habe, komme ich nun zu … | Der letzte Punkt meines Vortrags handelt von … | Ich möchte das gern genauer erklären. | Mein Vortrag gliedert sich in …

Einleitung	Überleitungen	Abschluss
Das Thema meiner Aufgabe lautet ...		

b Halten Sie nun einen Vortrag zum Thema „Wissenschaft". Benutzen Sie die Redemittel für die Struktur.

3 Übungen für das freie Sprechen

a Differenzieren üben

1. Sie bekommen von Ihrer Lehrerin / Ihrem Lehrer eine Karte mit einem Begriff und einem Plus (+) oder Minus (–) dazu.
2. Stehen Sie auf und finden Sie sich zu Paaren mit dem jeweils gleichen Begriff zusammen. Legen Sie fest, wer von Ihnen beginnt: Sprechen Sie über den Begriff auf Ihrer Karte: Nennen Sie Vorteile oder positive Aspekte zu Ihrem Begriff, wenn Sie ein Plus auf der Karte sehen, sprechen Sie über Nachteile oder negative Aspekte, wenn Sie ein Minus auf der Karte haben. Ihr Partner soll dann widersprechen. Nutzen Sie dafür die unten vorgegebenen Redemittel.
3. Tauschen Sie dann Ihre Karten mit einem anderen Paar.

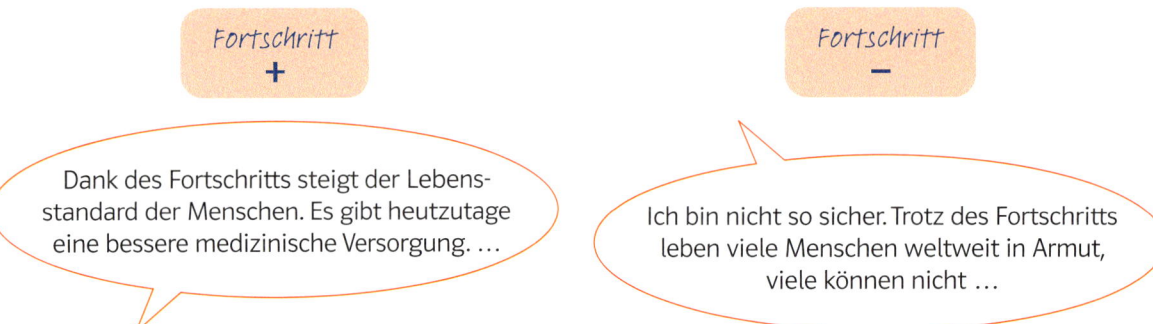

Da bin ich ganz anderer Meinung. | Ich stimme leider nicht mit dir überein. | Ich kann dir in diesem Punkt leider nicht zustimmen. | Das bezweifle ich. | Ich sehe das ganz anders. | Ich muss dir leider widersprechen.

Info

Ein Thema von zwei oder mehr Seiten betrachten zu können, ist sowohl für die mündliche Prüfung als auch für den Prüfungsteil Schriftliche Kommunikation sehr wichtig.

---

b Einen Gruppenvortrag halten

1. Arbeiten Sie in Gruppen zu viert. Wählen Sie ein Thema und finden Sie drei Stichwörter, über die Sie sprechen wollen. Notieren Sie jedes Stichwort auf eine Karte. Auf eine weitere Karte schreiben Sie das Wort „Einleitung".
2 Jedes Gruppenmitglied zieht eine Karte und bereitet sich ca. fünf Minuten auf ihr / sein Stichwort vor.
3. Die / Der Erste beginnt mit der Einleitung. Danach sprechen die anderen über ihr Stichwort. Hören Sie aufmerksam zu und nehmen Sie Bezug auf Ihre Vorrednerin / Ihren Vorredner. Bemühen Sie sich, einen gemeinsamen Vortrag zu halten.

c Einen dreiminütigen Kurzvortrag halten

1. Schreiben Sie Karten zu verschiedenen Themen und notieren Sie mindestens drei Stichwörter darunter, über die gesprochen werden soll.
2. Jeder zieht eine Karte und hält dann einen dreiminütigen Vortrag zum Thema, in dem alle Stichwörter angesprochen werden. Benutzen Sie auch die Redemittel aus Aufgabe 2a.

Wortschatztraining

1 Diagrammtypen

a Welche Formen von Diagrammen gibt es? Ordnen Sie zu.

1 Balkendiagramm | **2** Kreisdiagramm | **3** Linien- oder Kurvendiagramm | **4** Säulendiagramm

Mitarbeiter der Firma Gentek

Berufsgruppen 2013

A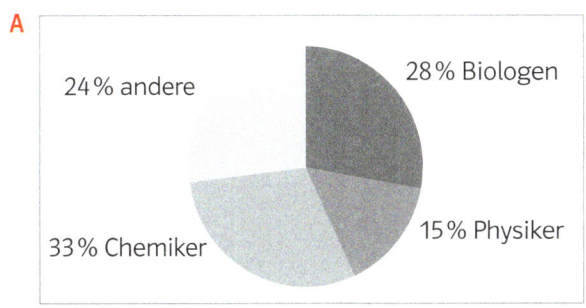

B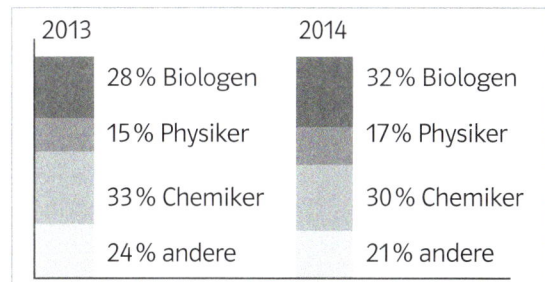

Anzahl der Mitarbeiter

C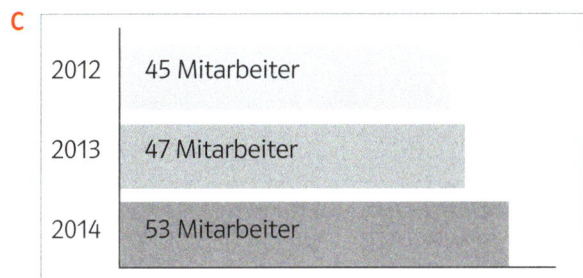

D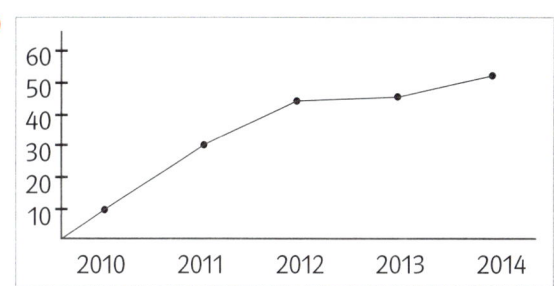

b Was beschreiben die Diagramme oben?

Diagramm			
beschreibt	eine Entwicklung	eine Menge / Anzahl / Anteile	eine Reihen – oder Rangfolge

c Welche Formulierung passt? Schreiben Sie eine Tabelle wie in 1b ins Heft und sortieren Sie.

… ist im Vergleich zum Vorjahr gestiegen / gefallen | an erster / letzter Stelle … | In der Firma arbeiten fast genau so viele / mehr / weniger … als … | die Zahl der … ist fast doppelt so groß / nur halb so groß wie … | die meisten / wenigsten … | nur ca. die Hälfte / ein Viertel / 15 % | die Zahl hat sich gegenüber dem Jahr … um … verringert / erhöht | die Werte haben sich kaum / deutlich verändert

2 Entwicklungen

a Schreiben Sie die Verben an den entsprechenden Pfeil.

zunehmen | steigen | sich erhöhen | sinken | fallen | *fallen*
abnehmen | sich verringern | zurückgehen |
schrumpfen | wachsen | ansteigen

b Setzen Sie die Verben ins Perfekt.

Training Schriftliche Kommunikation

▶ Eine Grafik auswerten

> **Info**
>
> Um die zweite Teilaufgabe zu bearbeiten, bekommen Sie eine oder zwei Grafiken zum Thema. Sie sollen diese auswerten. Dazu gehört auch, allgemeine Angaben über die Grafik zu machen.

1 Allgemeine Angaben

a Ergänzen Sie unten die allgemeinen Angaben der folgenden Grafik.

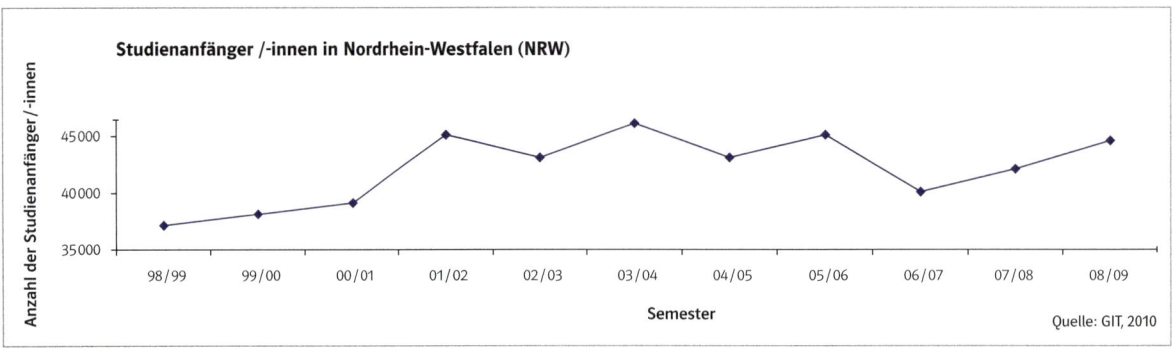

Titel: _____   Diagrammform: _____

Quelle: _____   Zeitraum der Angaben: _____

Was beschreibt die Grafik: *die Anzahl von Studenanfänger/-innen in NRW*

b Ergänzen Sie die Angaben im Text.

Die Grafik in Form eines _____ (1) informiert über die _____ (2) der Studienanfänger

und -anfängerinnen in Nordrhein-Westfalen. Zeitraum der Angaben sind die Wintersemester von

_____ bis _____ (3). Die Zahlen wurden _____ (4) von der

_____ (5) veröffentlicht.

> **Info**
>
> Eine Grafik auswerten heißt, die wichtigsten Informationen zu erkennen. Das können besonders auffällige Werte sein, z.B. der höchste oder tiefste Wert oder deutliche Veränderungen. Gut ist, zwei oder mehr Werte miteinander zu vergleichen.

2 Auswertung

a Lesen Sie die Auswertung und markieren Sie, welche Werte die Schülerin besonders wichtig findet.

Man kann deutlich sehen, dass die Anzahl der Studienanfänger/-innen vom Wintersemester 98/99 bis zum Wintersemester (WS) 08/09 insgesamt gestiegen ist. Auffällig ist der sprunghafte Anstieg der Erstsemesterzahl zwischen dem WS 00/01 und dem WS 01/02: Vom einen Jahr auf das andere haben sich fast 8000 Studenten/-innen mehr an den Universitäten in NRW eingeschrieben. Vergleicht man dagegen die Zahlen vom WS 05/06 mit denen vom WS 06/07, kann man sehen, dass die Zahl von etwas über 45000 eingeschriebenen Erstsemesterstudenten/-innen auf etwas über 40000 zurückgeht. Bis zum WS 08/09 steigt die Anzahl dann wieder auf knapp 45000.

b Markieren Sie die Werte in der Grafik. Hätten Sie andere Werte oder Verlgeiche interessanter gefunden?

Info

Die Grafikauswertung sollte mit einem Schlusssatz beendet werden. Das kann eine allgemeine Zusammenfassung oder eine kleine Interpretation sein, keine Wiederholung von Informationen und keine Begründung.

3 Schluss

a Bringen Sie die Schlussbemerkung zur Grafik auf S. 40 in die richtige Reihenfolge.

an den Universitäten. | Zum Schluss | dass Studieren | anscheinend immer attraktiver wird | in NRW | kann man sagen,

b Ziehen Sie einen anderen Schluss aus der Grafik? Schreiben Sie zusammen einen Schlusssatz.

4 Komplett

a Schreiben Sie einen Text zur Grafik auf S. 40. Orientieren Sie sich dafür an den Aufgaben 1 bis 3.

b Tauschen Sie ihre Texte aus und kontrollieren Sie, ob alle Texteile (allgemeine Angaben, Auswertung mit wichtigen Daten und mindestens zwei Vergleichen, Schluss) vorhanden sind.

5 Eine Grafik auswerten.

Bereiten Sie die Auswertung folgender Grafik vor. Gehen Sie nach dem Muster unten vor und machen Sie zuerst Notizen.

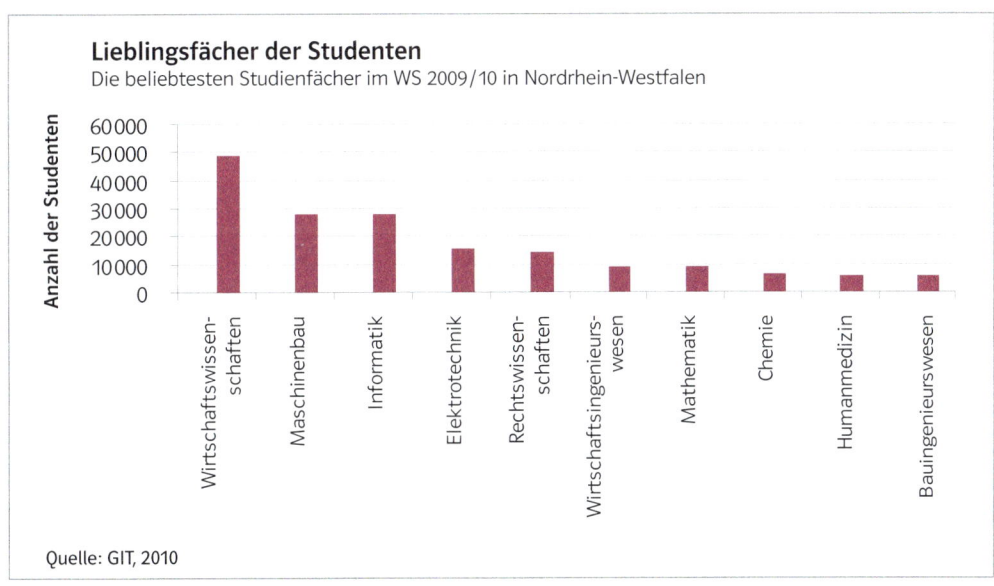

Lieblingsfächer der Studenten
Die beliebtesten Studienfächer im WS 2009/10 in Nordrhein-Westfalen

Quelle: GIT, 2010

Allgemeine Angaben:

Wichtige / auffällige Daten / Zahlen / Werte:

Schluss / Fazit:

Portfolio 3: Material sammeln

1 Sie sollen verschiedene Aspekte Ihres Themas darstellen. Dazu brauchen Sie Material. Zeichnen Sie eine Tabelle wie unten in Ihr Heft. Wählen Sie die wichtigsten Aspekte (3 bis 5) aus. Überlegen Sie, was für Material Sie brauchen, wo Sie das finden und ob Ihnen jemand dabei helfen kann.

Mein Thema

Aspekte	Was brauche ich?	Wo finde ich das?	Wer kann mir helfen?	...
1.				
2.				
3.				

2 Methoden zur Materialsammlung

a Lesen Sie diese Methoden zur Materialsammlung und ordnen Sie zu, welche Stärken bzw. Vorteile jede Methode hat.

Interview mit einem Experten	
Umfrage in der Schule / auf der Straße	
eine Statistik verschiedener Fakten erstellen	
Vergleich von Meinungen zu einem Thema	
Tagebuch (Beobachtung)	
Nachforschungen zu einem neuen Aspekt	
Quellenrecherche	
Bildmaterial sammeln	
Vergleich von Daten zu Deutschland und zu Ihrem Land	

A Dieser Vergleich mit Deutschland ist für jedes Thema obligatorisch und hilft Ihnen Schlussfolgerungen zu ziehen.

B Die Methode erlaubt Ihnen, das Thema vielseitig darzustellen.

C Ein Gespräch mit einer oder mehreren Personen ist dann sinnvoll, wenn Sie einen persönlichen Standpunkt zu einem Aspekt Ihres Themas erfahren wollen.

D Grafische Darstellungen (Diagramme) sind gut geeignet, um allgemeine Entwicklungen anschaulich zu machen.

E Literatur-, Internetrecherche und / oder die Auswertung von Zeitschriften ist bei jedem Thema nötig, um das Thema glaubwürdig und komplex zu präsentieren.

F Tägliche Eintragungen können Sie disziplinieren. Sie eignen sich auch gut bei Themen, bei denen Sie eine Entwicklung beobachten können (politische Beziehungen, …).

G Die Gegenüberstellung von Meinungen von Vertretern verschiedener Gruppen (Frauen – Männer, drei Generationen, verschiedene Berufsgruppen, …) zeigt, warum die Einstellung zu einem Thema von Gruppe zu Gruppe unterschiedlich ist und wovon sie abhängt.

H Ein Gespräch mit einem Fachmann ist empfehlenswert, wenn Sie eine fundierte Meinung zu einem Thema haben wollen.

I Karikaturen, Fotos, Bilder veranschaulichen Ihr Thema und machen Ihre Präsentation interessant.

b Besprechen Sie in der Klasse, welche Form sich am besten für Ihr Thema eignet.

Tipp

Benutzen Sie für Ihre Recherche im Internet, in der Bibliothek etc. vor allem deutschsprachige Quellen. Legen Sie sich ein Glossar mit den wichtigsten Begriffen zu Ihrem Thema an und führen Sie ein exaktes Quellenverzeichnis. ▶ Kapitel 6, 10

Selbstevaluation

Ich habe gemacht . . .		Ich bin zufrieden . . .		
	✓	☺	😐	☹
Wortschatz				
Hörverstehen				
Leseverstehen				
Mündliche Kommunikation				
Schriftliche Kommunikation				
Projekt				

Meine Wortliste zum Thema „Wissenschaft und Technik":

Sehen Sie sich noch einmal das Kapitel an und notieren Sie hier wichtige Wörter. Ergänzen Sie dann Ihre Notizen um Wörter, die Sie außerdem brauchen.

Wichtige Redemittel

Meine Lieblingswörter

4 Ausbildung & Studium

Wortschatztraining

1 Über die Schule sprechen

a Welches Verb passt? Manchmal gibt es auch mehrere Möglichkeiten.

~~besuchen~~ | gehen | suchen | lernen | erwerben | teilnehmen | absolvieren | erhalten | ablegen | beginnen | bekommen

die Grundschule / Realschule *besuchen* _____

auf das Gymnasium _____

den Schulabschluss _____

an Kursen _____

ein Studium _____

ein Praktikum _____

das Abitur / die Hochschulreife _____

ein Zertifikat / eine Bescheinigung _____

einen Ausbildungsplatz _____

einen Beruf _____

b Ergänzen Sie die passenden Verbformen in der richtigen Zeitform.

Marek Janowski *hat* _____ in Polen sechs Jahre lang die Grundschule

besucht _____. Von 2004 bis 2010 _____ er auf das Lyzeum

_____. Hier hat er die Hochschulreife _____. Für ihn war

es sehr wichtig, den Schulabschluss zu _____. In der 10. Klasse

muss man ein Praktikum _____. Marek hat das im Städtischen Krankenhaus gemacht. Dafür hat er

eine Bescheinigung _____. Jetzt _____ Marek einen Ausbildungsplatz. Später möchte er ein

Studium _____. Deshalb _____ er jetzt schon an Abendkursen _____.

> die Hochschulreife = Prüfung, die zum Studium berechtigt, in Deutschland: das Abitur, in Österreich: die Matura

2 Finden Sie im Wortgitter 10 Wörter zum Thema Studium. Können Sie die Begriffe erklären?

Studium: _____

_____

_____

_____

_____

_____

_____

V	Q	A	V	I	B	H	D	D	M	M	F	H
O	D	O	Z	E	N	T	B	T	E	X	T	A
R	I	D	H	Y	Q	M	G	Y	N	Ä	S	U
L	D	S	E	M	I	N	A	R	S	A	P	S
E	R	E	F	E	R	A	T	Q	A	R	H	A
S	T	U	D	I	E	N	G	E	B	Ü	H	R
U	S	T	U	D	E	N	T	I	N	M	D	B
N	V	G	S	E	M	E	S	T	E	R	U	E
G	D	Q	K	O	A	K	X	K	D	B	M	I
U	N	I	V	E	R	S	I	T	Ä	T	E	T

Training Schriftliche Kommunikation

▶ Eine Grafik auswerten, die Ergebnisse einer Umfrage auswerten ▶ Kapitel 3

1 Wiederholung: Eine Grafik auswerten

a Sehen Sie diese Grafik an. Beachten Sie die Checkliste und bereiten Sie eine Auswertung vor. Notieren Sie zunächst nur Stichpunkte.

Die deutsche Sprache in der Welt
Gesamtzahl der Deutschlerner in ausgewählten Ländern

Ägypten	112 695
Äthiopien	210
Kongo	12
Belgien	113 769
Dänemark	214 700
Frankreich	1 037 885
Polen	2 345 480
Tschechien	440 952
Panama	225
Uruguay	1 900
Honduras	228
Australien	107 000

Quelle: Netzwerk Deutsch, 2010

Checkliste

1. Allgemeine Angaben
Titel / Thema / Quelle /
Zeitraum / Art der Grafik /
Art der Angaben

2. Auswertung
wichtige, auffällige Werte (höchster,
niedrigster, abweichender Wert,
Veränderungen), generelle Tendenz
bzw. Hauptaussage, mindestens
2 Vergleiche

3. Schlusssatz
allgemeine Zusammenfassung, Fazit

b Sprechen Sie mit Ihrer Nachbarin / Ihrem Nachbarn über Ihre Notizen.

2 Eine Umfrage

a Lesen Sie die Überschrift der Grafik und ergänzen Sie den Text zu den allgemeinen Angaben.

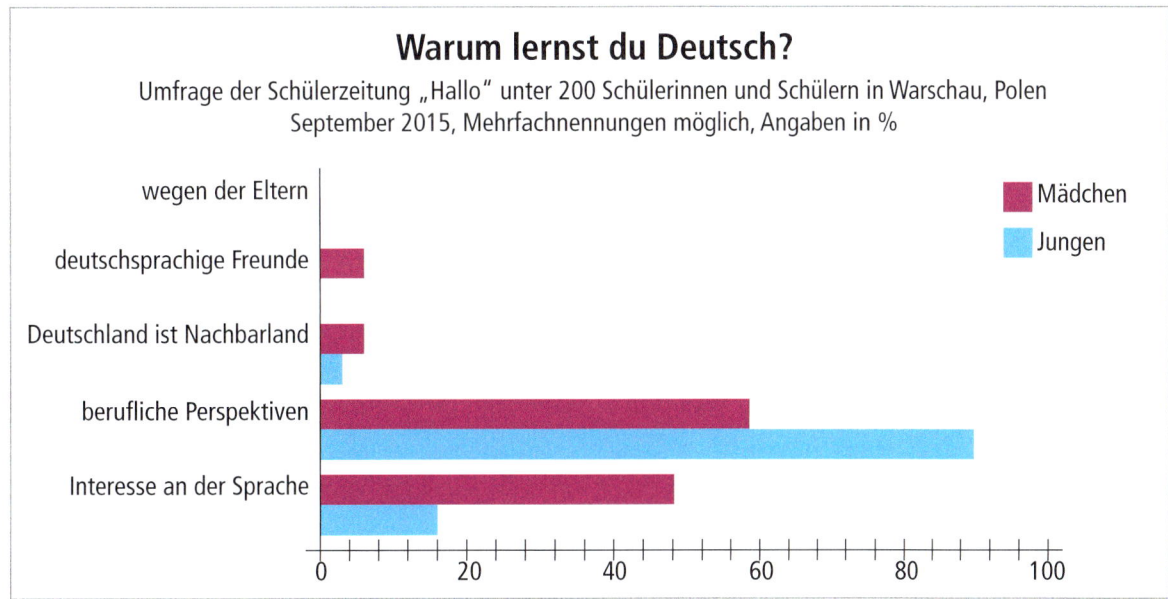

Warum lernst du Deutsch?
Umfrage der Schülerzeitung „Hallo" unter 200 Schülerinnen und Schülern in Warschau, Polen
September 2015, Mehrfachnennungen möglich, Angaben in %

■ Mädchen
■ Jungen

- wegen der Eltern
- deutschsprachige Freunde
- Deutschland ist Nachbarland
- berufliche Perspektiven
- Interesse an der Sprache

Die Grafik ist das Ergebnis einer Umfrage aus dem Jahr (1) _____. Die Umfrage wurde von einer

(2) _____ unter (3) _____ Jugendlichen an Schulen in

(4) _____ durchgeführt. Die Werte sind in (5) _____ angegeben und

unterscheiden zwischen (6) _____ und Jungen, die gefragt wurden, warum sie

(7) _____. Die Jugendlichen durften (8) _____ Antworten geben.

b Welche Werte in der Grafik halten Sie für wichtig oder auffällig? Machen Sie Notizen.

c Ergänzen Sie die Auswertung der Grafik.

Die meisten Befragten antworteten, dass sie wegen der (9) _____ Deutsch lernen. Hier gibt

es einen deutlichen Unterschied zwischen den Geschlechtern: (10) _____% der Jungen gaben diese

Antwort, bei den Mädchen waren es (11) _____%, also fast ein Drittel weniger. Keiner der befragten

Jugendlichen gab an, (12) _____ Deutsch zu lernen. Nur (13) _____ gaben

an, sie würden Deutsch lernen, weil sie (14) _____ hätten.

Abschließend kann man sagen, dass die befragten (15) _____ mit mehr und

verschiedenen Gründen auf die Frage „Warum lernst du Deutsch?" antworteten.

d Wie finden Sie die Auswertung? Hätten Sie anders ausgewertet? Fehlen Ihnen Werte? Vergleichen Sie mit Ihren Notizen aus b.

e Schreiben Sie passende Redemittel aus 2a und 2b in die Tabelle.

Allgemeine Angaben	Auswertung / Vergleich der Werte	Schluss / Fazit
	• Die meisten Befragten antworten, dass …	

f Machen Sie selbst eine Umfrage in der Klasse zum Thema „Warum lernst du Deutsch?" und erstellen Sie eine Grafik. Beschreiben Sie die Ergebnisse Ihrer Umfrage dann Ihrer Nachbarin / Ihrem Nachbarn. Nutzen Sie die Redemittel aus 2e.

3 Zwei Grafiken vergleichen

a Markieren Sie wichtige Werte in dieser Grafik.

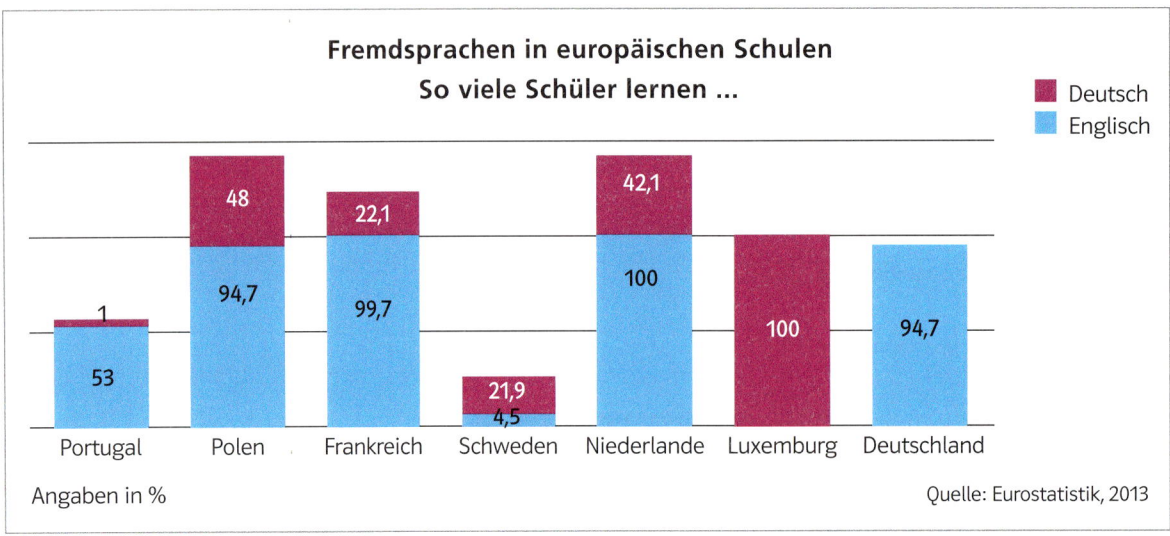

Fremdsprachen in europäischen Schulen
So viele Schüler lernen …

Deutsch
Englisch

Portugal: Deutsch 1, Englisch 53
Polen: Deutsch 48, Englisch 94,7
Frankreich: Deutsch 22,1, Englisch 99,7
Schweden: Deutsch 21,9, Englisch 4,5
Niederlande: Deutsch 42,1, Englisch 100
Luxemburg: Deutsch 100
Deutschland: Englisch 94,7

Angaben in %

Quelle: Eurostatistik, 2013

b Vergleichen Sie mit der Grafik von S. 45 (oben). Was ist das gemeinsame Thema?

c Schreiben Sie eine Auswertung der beiden Grafiken. Sie können dabei folgende Redemittel benutzen:

Wir haben hier zwei Grafiken und beide beschäftigen sich mit … | Die eine heißt … und beschäftigt sich damit, wie viel … Man kann deutlich erkennen, dass … | Die andere Grafik gibt genauer Auskunft darüber, … Laut der Grafik ist … | Zum Schluss lässt sich sagen, dass …

Info

In der Prüfung kann es sein, dass Sie zwei Grafiken erhalten, die in Beziehung zueinander stehen. Formulieren Sie diese Beziehung in Ihrer Beschreibung.

Wortschatztraining

1 Beruferaten

Eine Person überlegt sich einen Beruf. Die anderen müssen raten, welcher das ist, und stellen Fragen. Dabei dürfen aber keine Berufsbezeichnungen genannt werden, sondern es wird z. B. nach dem Arbeitsplatz, den Tätigkeiten, der Ausbildung usw. gefragt. Die befragte Person darf nur mit „Ja" oder „Nein" antworten. Wer den richtigen Beruf errät, ist als Nächste/r dran.

2 Ergänzen Sie ein passendes Verb. Achten Sie dabei auf die Konjugation.

zuhören | entscheiden | prüfen | beraten | finden | treffen | orientieren | einschreiben | sammeln | informieren

1. Er möchte den richtigen Beruf _____ .

2. Sie _____ sich bei der Wahl des Berufes an der Familientradition.

3. Er kann sich nicht für ein Studium _____ .

4. Sie will eine Vorauswahl _____ .

5. Sie will sich von einer Freundin bei der Entscheidung _____ lassen.

6. Er _____ der Studienberaterin aufmerksam _____ .

7. Der Berufsberater _____ über die Ausbildungszeiten, Anerkennung der Ausbildung usw.

8. Man sollte das Ausbildungsangebot gründlich _____ .

9. Man sollte wissen, ob man sich an der Uni für das Studienfach _____ kann.

10. Man kann immer viel Erfahrung _____ , egal ob im Studium oder im Beruf.

3 Den richtigen Beruf finden

a Ein Berufseignungstest – was könnte das sein? Versuchen Sie, die Bedeutung aus der Zusammensetzung des Wortes zu erklären.

b Lesen Sie die folgenden Sätze, die in einem Berufseignungstest vorkommen können. Was glauben Sie: Kann man mit diesen Fragen herausfinden, welcher Beruf zu einem passt?

> **Tipp**
>
> Im Internet finden Sie Berufseignungstests. Probieren Sie ruhig mal einen aus.

1. Sie suchen bei einer Party den Kontakt mit ...

   A ☐ möglichst vielen Leuten, einschließlich Fremden.
   B ☐ nur wenigen Menschen, die sie kennen.

2. Sie sind eher ...

   A ☐ Realist.
   B ☐ Träumer.

3. Es ist schlimmer, sich ...

   A ☐ Träumereien hinzugeben.
   B ☐ im gleichen Trott zu bewegen.

4. Sie sind stärker beeindruckt von ...

   A ☐ Emotionen.
   B ☐ Prinzipien.

5. Sie bevorzugen das Arbeiten ...

   A ☐ egal, zu welcher Uhrzeit.
   B ☐ nach Terminvorgaben.

4 Ihr Traumberuf

Beschreiben Sie Ihren Traumberuf. Sagen Sie zu möglichst allen Punkten etwas. Begründen Sie Ihre Aussagen.

Arbeitszeiten   Vorteile   Arbeitsort
        Tätigkeiten   Nachteile   Arbeitsmittel

Training Leseverstehen

▶ Das Leseverstehen 4 kennenlernen

Im Teil 4 des Leseverstehens müssen Sie einen Text lesen und dazu sieben Multiple-Choice-Aufgaben lösen. Dafür müssen Sie zunächst die passende Textstelle finden (selektives Lesen) und dann nach gründlichem Lesen (detailliertes Lesen) entscheiden, welche der drei Antworten richtig ist. Die Aufgaben folgen dem Text.

1 Die Aufgabe überfliegen und relevante Textstellen finden

a Lesen Sie zunächst den folgenden Text und die Fragen dazu.

Der Studienabbrecher – das unbekannte Wesen

Woran scheitern die Studierenden an deutschen Hochschulen? Drei Gründe stehen dabei gegenwärtig im Vordergrund: Leistungsprobleme und das Gefühl, den Anforderungen des Studiums nicht gewachsen zu sein, geben 20 % aller befragten Studienabbrecher als Grund an. Weitere 11 % brachen das Studium ab, weil sie Prüfungen nicht bestanden. Zusammengefasst
5 sind es also 31 % der Studienabbrecher, die aus Gründen der Überforderung scheitern. (…) Bei 19 % der Befragten führten finanzielle Probleme zum Studienabbruch. Ihnen fällt es schwer, einen notwendigen Studentenjob und das Studium miteinander zu verbinden. 18 % dagegen beendeten das Studium vorzeitig, weil sie falsche Erwartungen an die fachlichen Inhalte, die Bedingungen und die Anforderungen des Studiums hatten.
10 Die genannten drei Gründe sind für mehr als zwei Drittel aller Studienabbrüche verantwortlich.
Darüber hinaus kommt es zunehmend auch aufgrund unzureichender Studienbedingungen (12 % gegenüber 8 % im Jahr 2000) zum Studienabbruch. Immer weniger Studierende brechen ihr Studium ab, weil sie sich beruflich neu orientieren (10 %), weil sie familiäre Probleme haben (7 %) oder sie eine Krankheit zum (4 %) Studienabbruch zwingt.

Quelle: HIS, Erstimmatrikuliertenbefragung, 2008

1. Aus welchem Grund bricht fast ein Drittel der Studenten das Studium ab?
2. Welcher weitere Grund führt zu einem vorzeitigen Studienende?
3. Welche Motive spielen immer weniger eine Rolle beim Studienabbruch?

b Markieren Sie die Textstellen, in denen Sie die Antwort finden. Ergänzen Sie Signalwörter aus den Aufgaben und aus dem Text. ▶ Kapitel 1, 2

Signalwörter in der Aussage		Signalwörter im Text
1	A	
2	B	
3	C	

Zuerst müssen Sie die Textstelle finden, um die Fragen / Ergänzungen zu beantworten. Dazu hilft Ihnen das Markieren von Signalwörtern. Diese können in Frage und Text identisch oder synonym sein.

c Was halten Sie nun von einem Berufseignungstest? Wäre nicht auch ein Studieneignungstest sinnvoll?

2 Die Aufgaben lösen

a Lesen Sie den ersten Teil eines Textes zum Thema Studien- und Berufseignungstest.

Welcher Beruf passt zu mir? (Teil 1)

Studien- und Berufseignungstests sollen eine Antwort auf die Fragen geben: Was sind meine Stärken und welches Studium bzw. welcher Beruf passt zu mir? Diese Tests werden häufig
5 online, aber auch traditionell auf Papier angeboten. Die meisten dieser Eignungstests sind kostenlos, manchmal muss man aber auch für die Auswertung des Tests bezahlen.
Auch die Bundesagentur für Arbeit hat im
10 Dezember einen neuen Test veröffentlicht. Er besteht aus zwei Teilen: Im ersten Testteil wird nach den persönlichen Interessen gefragt. Erst im zweiten Teil wird der Frage nachgegangen, ob ein Studium in Hinsicht auf Motivation
15 und Arbeitsweise überhaupt das Richtige für den Befragten ist. Insgesamt sind rund 140 Fragen zu beantworten, was ungefähr eine halbe Stunde dauert. Anschließend werden die Ergebnisse des Tests in einem Gespräch mit einem Psychologen besprochen.

b Lesen Sie die Frage 1 und die drei Antwortmöglichkeiten A, B und C.
Suchen Sie die passende Stelle im Text und beantworten Sie dann die Frage.

1. Worauf geben die Fragen eines Berufseignungstests eine Antwort?

   A ☐ Ob man den Test online oder traditionell auf Papier machen kann.
   B ☐ Wie kompetent jemand ist und wie gut man in der Schule war.
   C ☐ Was man besonders gut kann und welche Arbeit zu einem passen könnte.

c Lesen und lösen Sie Frage 2.

2. Der Test der Bundesagentur …

   A ☐ hat zwei Teile mit mehr als 100 Fragen und kann in ca. einer halben Stunde durchgeführt werden.
   B ☐ klärt durch 140 Fragen die persönlichen Interessen und die Eignung für ein Studium.
   C ☐ ist ein Gespräch mit einem Psychologen, der 140 Fragen in einer halben Stunde stellt.

d Vergleichen Sie Ihre Antworten in der Klasse und begründen Sie Ihre Lösung.

Info

Im Teil 4 des Leseverstehens müssen Sie entweder sieben Fragen beantworten (wie bei Frage 1) oder sieben Ergänzungsaufgaben lösen (wie bei Frage 2).

e Lesen Sie nun Teil 2 des Textes und lösen Sie die Fragen 3–5. Suchen Sie zuerst die passende Stelle im Text und entscheiden Sie sich dann für eine der drei Lösungen.

Welcher Beruf passt zu mir? (Teil 2)

Bei anderen Beratungsangeboten wie etwa bei BORAKEL der Ruhr-Universität Bochum geht es im ersten Schritt um die Frage, was man werden möchte und im zweiten Schritt um den passenden Studiengang beziehungsweise den Weg dorthin. Es spielt dabei keine Rolle, an welcher Universität man studieren möchte. Die Tests helfen nicht nur, die persönliche Eignung
5 zu testen und Neigungen herauszufinden, sondern man erhält auch ein individuelles Feedback. Damit kann man selbst einschätzen, ob der Studienwunsch zur eigenen Person passt. Weitere Online-Angebote sind beispielsweise das softwaregestützte *JobGuide-Pro* oder der *Eignungstest Berufswahl* des geva-instituts. Bei all diesen Tests geht es darum, sich selbst möglichst gut einzuschätzen: Der Testkandidat gibt durch Ankreuzen vorgegebener
10 Antwortmöglichkeiten an, wie sehr bestimmte Aussagen oder Eigenschaften zutreffen oder wie er sich in bestimmten Situationen verhalten würde. Als Ergebnis erhält er eine Auflistung seiner Stärken und Schwächen und erfährt, welche Berufe oder Studienfächer am ehesten seinen Interessen entgegenkommen.
Ein bewährter Berufseignungstest ist auch der *Explorix*. In einem rund 20-minütigen Test
15 schätzt man die eigenen Fähigkeiten und sein Interesse an bestimmten Tätigkeiten und Berufen ein. Direkt im Anschluss kann man dann dank eines Codes den persönlichen Ergebnisreport abrufen: Das ist ein 13- bis 16-seitiges Dokument mit zahlreichen, passenden Berufsvorschlägen und Checklisten zum Ausdrucken und Abspeichern.

3. Der Berufseignungstest der Ruhr-Universität …

A ☐ beinhaltet ein persönliches Gespräch, bei dem man nach dem Berufswunsch gefragt wird.
B ☐ fragt danach, was man in Zukunft machen möchte und rät zu einem Studienfach.
C ☐ fragt ab, an welcher Universität man am liebsten studieren möchte und gibt Ratschläge dazu.

4. Bei dem Beratungstool JobGuide-Pro oder dem Test vom geva-institut geht es …

A ☐ um die Wahl des richtigen Studienfaches durch Ankreuzen vorgegebener Antworten.
B ☐ darum, dass man lernt, seine Fähigkeiten und Interessen richtig einzuschätzen.
C ☐ um die eigenen Stärken und Schwächen und den geeigneten Beruf bzw. das geeignete Studium.

5. Bei dem Testverfahren von Explorix …

A ☐ soll man angeben, welche Vorlieben man für Tätigkeiten oder Berufe hat.
B ☐ soll man auf ca. 16 Seiten sagen, was man schon über bestimmte Tätigkeiten weiß.
C ☐ muss man sich entscheiden, ob man den Test online oder auf Papier machen möchte.

f Vergleichen und begründen Sie Ihre Antworten.

3 Wortschatzspiel

Bilden Sie zwei Gruppen: Jede Gruppe notiert sechs Wörter aus dem Text oben und schreibt diese auf (Gruppe 1: Textteil 1, Gruppe 2: Textteil 2). Im Anschluss wird die jeweils andere Gruppe nach der Bedeutung eines Wortes gefragt. Erklärt sie die Bedeutung richtig, bekommt die Gruppe einen Punkt. Gewinner ist, wer die meisten Punkte hat.

Was bedeutet „Stärken"
in diesem Text?

Unter „Stärken" versteht
man hier …

Training Hörverstehen

▶ Das Hörverstehen 1 kennenlernen

1 Telearbeit – ein tolles Modell?

a Lesen Sie die Argumente für die Telearbeit. Welche sprechen Sie persönlich an? Markieren Sie.

Telearbeit – die Arbeit der Zukunft

1. Arbeiten Sie nach Ihrem persönlichen Rhythmus!

2. Arbeiten Sie mit mehr Motivation!

3. Verbinden Sie berufliche und private Interessen ohne Probleme!

4. Sparen Sie Fahrzeit ein!

5. Bleiben Sie während der Kinderphase am Ball!

 b Überlegen Sie zu zweit: Welche Nachteile kann Telearbeit haben?

c Stellen Sie Ihre Überlegungen in der Klasse vor und begründen Sie diese.

2 Flexibel arbeiten

a Setzen Sie die Wörter ein.

Zahl | Arbeitnehmerinnen und -nehmer | sogenannte | vereinbaren | familienfreundliche | Telearbeit

In Deutschland nutzen ca. 85 % aller (1) _____ eine Form der flexiblen Arbeitszeit. Diese erstaunlich hohe (2) _____ verdeutlicht die Bedeutung und den Erfolg solcher Modelle. Die Umsetzung wird fast ausnahmslos über (3) _____ Arbeitszeitkonten ermöglicht. Zu den flexiblen Modellen gehören z. B. die Gleitzeit, (4) die _____, Arbeitszeitkonten, Teilzeitarbeit, das Jobsharing etc. Die Zunahme dieser flexiblen Arbeitszeiten hat natürlich ihre Gründe: Viele Arbeitnehmerinnen und Arbeitnehmer müssen Betreuungs- bzw. Pflegeaufgaben mit ihrer Arbeit im Unternehmen (5) _____. Deshalb sind (6) _____ Arbeitszeitmodelle für viele sehr wichtig.

b Was bedeuten die Begriffe 1 bis 4? Ordnen Sie die Erklärungen A bis D zu.

1	Altersteilzeit	A	Man kann, innerhalb eines festgelegten Zeitrahmens, Beginn und Ende der Arbeitszeit selbst bestimmen.
2	Arbeitszeit-konto	B	Ältere Arbeitnehmer können die Arbeitszeit schon vor dem Ruhestand reduzieren.
3	Gleitzeit	C	Man arbeitet nicht Vollzeit, sondern z.B. weniger Stunden pro Tag.
4	Teilzeitarbeit	D	Man erfasst auf einem Konto die Zeit, die man tatsächlich gearbeitet hat.

10 – 13

c Hören Sie nun Erklärungen zu den Arbeitszeitmodellen aus b.
Welche Erklärung passt zu welchem Arbeitszeitmodell? Kreuzen Sie an.

Arbeitszeitmodell	Definition			
	A	B	C	D
1. Altersteilzeit				
2. Arbeitszeitkonto				
3. Gleitzeit				
4. Teilzeitarbeit				

3 Hörverstehen Teil 1

Info

Im Hörverstehen Teil 1 hören Sie immer ein Interview. Dazu bekommen Sie acht Multiple-Choice-Aufgaben. Zum Lesen der Aufgaben haben Sie zwei Minuten Zeit. Markieren Sie in dieser Zeit wichtige Wörter, durch die sich die Antwortmöglichkeiten unterscheiden.

a Lesen Sie zuerst die Aufgaben und markieren Sie bei A, B und C, worin sich die Antworten unterscheiden.

1. Im BMW-Werk in Regensburg arbeiten die Mitarbeiter

   A ☐ drei Wochen pro Monat.
   B ☐ länger als die normalen 8 Stunden.
   C ☐ den ganzen Samstag.

2. Durch die neue Arbeitszeitregelung

   A ☐ konnten neue Produkte hergestellt werden.
   B ☐ konnten neue Arbeitsplätze eingerichtet werden.
   C ☐ mussten Mitarbeiter entlassen werden.

3. Arbeitszeitkonten

   A ☐ sind sehr verbreitet.
   B ☐ findet man nicht sehr oft.
   C ☐ sind eher ungewöhnlich.

4. Karstadt-Mitarbeiter, die 37 Stunden pro Woche arbeiten,

   A ☐ bekommen jeden Montag frei.
   B ☐ haben eine Woche pro Monat frei.
   C ☐ haben einen beliebigen Tag in der Woche frei.

5. Die Möglichkeit der Teilzeitarbeit nutzt

   A ☐ die Mehrzahl der Karstadt-Mitarbeiter.
   B ☐ nur ein Zehntel der Mitarbeiter.
   C ☐ knapp die Hälfte der Mitarbeiter.

6. Frau Meier findet die neuen Arbeitszeitmodelle

   A ☐ vorteilhaft für die Betriebe.
   B ☐ gut für Mitarbeiter und Betriebe.
   C ☐ nur günstig für das Personal.

14 – 15

b Hören Sie jetzt das Interview mit einer Gewerkschaftsvertreterin über die Arbeitsmodelle in verschiedenen Unternehmen. Kreuzen Sie bei den Aufgaben die jeweils richtige Lösung an.

Training Mündliche Kommunikation

▶ Den Kurzvortrag halten ▶ Kapitel 3

1 Kurzvortrag: Mein Traumberuf

a Was ist Ihnen für Ihren zukünftigen Beruf wichtig? Kreuzen Sie an.
Ergänzen Sie die Liste um weitere Aspekte.

wichtig		weniger wichtig
	Karrieremöglichkeiten	
	Verdienstmöglichkeiten	
	Ansehen des Berufs	
	körperlich anstrengende Arbeit	
	saubere Büroarbeit	
	Arbeitszeiten auch abends und am Wochenende	
	…	

b Männer- und Frauenberufe? Machen Sie je eine Liste mit typischen Frauen- und Männerberufen. Suchen Sie nach Gründen dafür, warum diese Berufe vor allem von Frauen bzw. Männern ausgeübt werden. Diskutieren Sie anschließend darüber in der Klasse.

c Bereiten Sie einen kurzen Vortrag über Ihren Traumberuf vor. Gehen Sie bei dem Vortrag auf wenigstens drei der Stichwörter unten ein. Notieren Sie die Struktur Ihres Vortrags auf einer Folie / an der Tafel. Erläutern Sie jedes Stichwort mit einigen Sätzen.

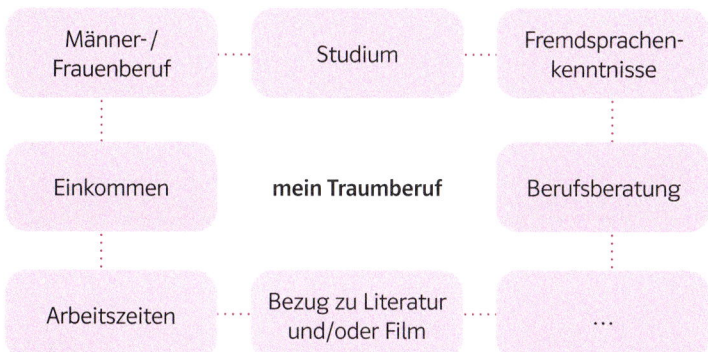

Tipp

Blättern Sie bei der Vorbereitung des Kurzvortrags auf Seite 47 zurück. Notieren Sie sich wichtige Vokabeln. Sehen Sie in Kapitel 3 nach, wie Sie Ihren Vortrag gliedern können.

d Hören Sie die Vorträge Ihrer Mitschüler/innen. Prüfen Sie dabei folgende Punkte:

	☺	☺	☹
Wie ist der Vortrag gegliedert? Ist die Reihenfolge logisch?			
Wie verbindet sie / er die einzelnen Teile der Präsentation sprachlich? ▶ Kapitel 3			
Wie ist die Folie oder das Tafelbild aufgebaut? Ist alles gut lesbar?			
Spricht sie / er lang genug zu jedem gewählten Stichwort?			
…			

Portfolio 4: Arbeitsschritte planen

1 Arbeitsschritte: Notieren Sie auf einem Blatt alles, was Sie tun müssen.

Informationsquellen suchen | Recherche | Informationen prüfen | Texte bearbeiten und auswerten |
Quellenliste anlegen | Gliederung der Mappe | erste Überlegungen für die Präsentation |
grafische Gestaltung der Projektmappe | Überarbeitung von selbst geschriebenen Texten |
Erstellung von Präsentationsmaterialien | Training der Präsentation (in der Klasse, zu Hause) |
Liste mit Fachvokabular anlegen | …

2 Die Arbeit planen

a Lesen Sie den Kalender von Rafael und prüfen Sie: Hat er genug Zeit für seine Projektarbeit eingeplant?
Hat er alle Feiertage und Ferien berücksichtigt? Hat er etwas falsch geplant?

Oktober	November	Dezember	Januar
	Blätter für die Umfrage kopieren		
		Alle Materialien bündeln	*Plan der Präsentation*
Treffen in der Bibliothek			
	Umfrage in der Klasse 3a	*Fotos abholen*	
			DSD-Prüfung!!!

b Fertigen Sie (auf Ihrem Computer) einen ähnlichen Kalender wie Rafael an. Markieren Sie darauf alle
schulfreien Tage und andere wichtige Ereignisse. Tragen Sie die DSD-Prüfung ein. Wie viele Wochen bleiben
bis zu Ihrer Prüfung?

c Besprechen Sie Ihren Zeitplan mit Ihrer DSD-Lehrerin / Ihrem DSD-Lehrer.

Tipp

Überprüfen Sie während der Arbeit immer wieder, ob Sie den Zeitplan einhalten. In „So geht's zum DSD II
Testbuch mit Leitfaden für die mündliche Prüfung" finden Sie mehr zum Thema Planung.

Selbstevaluation

Ich habe gemacht ...		Ich bin zufrieden ...		
	✓	☺	😐	☹
Schriftliche Kommunikation				
Wortschatz				
Leseverstehen				
Hörverstehen				
Mündliche Kommunikation				
Projekt				

Meine Wortliste zum Thema „Ausbildung & Studium":

Sehen Sie sich noch einmal das Kapitel an und notieren Sie hier wichtige Wörter. Ergänzen Sie dann Ihre Notizen um Wörter, die Sie außerdem brauchen.

Wichtige Redemittel

Meine Lieblingswörter

Meine Generation hat ihre Heimat verlassen, um in einem anderen Land zu arbeiten und zu leben.

Das ist die nächste Generation von Robotern. Sie sind intelligent, d. h. sie können einfache Denkprozesse selbstständig übernehmen.

Es hat zwei Generationen gedauert, bis die Spuren des Krieges nicht mehr sichtbar war

5 Zusammenleben

Wortschatztraining

1 Welche Bedeutung hat der Begriff Generation in den Bildunterschriften oben? Ordnen Sie zu.

„Generation" bezeichnet: **A** ☐ eine Gruppe von Menschen in ungefähr gleichem Alter
B ☐ einen Zeitraum von 30 Jahren **C** ☐ Geräte mit gleichem Entwicklungsstand

> **Tipp**
>
> Achten Sie darauf, dass manche Wörter verschiedene Bedeutungen haben können (=Homonyme). Schlagen Sie bei Unklarheiten im Wörterbuch nach.

2 Komposita verstehen

a Wie sind diese Komposita aufgebaut? Zeichnen Sie ein Schema nach dem folgenden Beispiel.

Beispiel: die Einwanderungsgeneration

Einwanderungsgeneration

Einwanderungs-   generation

Einwanderung- s-   generation

Einwander- ung- s-   generation

Ein- wander- ung- s- generation

der Generationenkonflikt | das Mehrgenerationenhaus | die Nachkriegsgeneration | der Generationswechsel

> Das Wort „Einwanderungsgeneration" meint Menschen, die alle zu ungefähr dem gleichen Zeitpunkt in ein ihnen fremdes Land eingewandert sind.

b Erklären Sie nun die Wörter aus 2a: Was könnten sie bedeuten?

3 Ausdrücke umformen

Formen Sie um. Bilden Sie aus den Adjektiven eine Genitivkonstruktion.

1. die junge Generation

→ die Generation *der Jungen*

2. die verwöhnte Generation

→ die Generation _____

3. die ältere Generation

→ die Generation _____

4. die betrogene Generation

→ die Generation _____

> **Tipp**
>
> Aus Adjektiven und Partizipien können Sie einfach Nomen bilden: Hängen Sie im Singular ein -e und im Plural die Endung -en an.
>
> Achtung: Diese Nomen werden weiterhin wie Adjektive dekliniert.
>
> Beispiel: alt – der / die Alte, die Alten

Training Leseverstehen

▶ Das Leseverstehen 1 wiederholen

1 Die Aufgabenstellung

a Was wissen Sie noch zu dieser Prüfungsaufgabe? Beantworten Sie die Fragen. ▶ Kapitel 1

Was muss ich tun? _____

Was muss ich beachten? _____

> **Info**
>
> Die erste Aufgabe des Leseverstehens kann variieren. Manchmal müssen Sie auch Veranstaltungstipps oder Buchbeschreibungen verschiedenen Personen zuordnen.

b Lesen Sie die Texte: Welches Thema haben sie gemeinsam? Was für eine Art Text sind beide?

A Der berühmte Bundesliga-Star Bastian Schweinsteiger gibt in unserem Fußballclub am Freitag eine Autogrammstunde. Zuvor wird er von seinen Anfängen in unserem Club und von Schwierigkeiten und glücklichen Momenten als Profifußballer sprechen. Man muss kein Mitglied unseres Vereins sein, um daran teilnehmen zu können. Lernen Sie danach mit Ihren Kindern den Verein kennen. Wir suchen immer Nachwuchs. Herzlich Willkommen!

B Herzlich Willkommen! Unser Verein stellt sich am kommenden Wochenende vor. Wir bieten viele Sportarten an: Handball, Turnen, rhythmische Gymnastik, Leichtathletik, Schwimmen und vieles mehr. Auch behinderten Menschen steht unser Verein offen. Wer Lust hat, kommt einfach vorbei. Alle sind willkommen. Bei Minderjährigen Anmeldung nur mit Eltern. Unser Motto: Zusammen sind wir stark.

Art der Texte: _____   Thema der Texte: _____

c Lesen Sie die Aufgaben 1–3 und markieren Sie Signalwörter. Entscheiden Sie dann: Zu welcher Person passt welche Veranstaltung? Zu einer Person passt keine Veranstaltung.

1. Eltern suchen für ihren Sohn im Rollstuhl eine sportliche Betätigung.
2. Eine volleyballbegeistere Rollstuhlfahrerin möchte ein Autogramm von einem Profisportler.
3. Eltern suchen für ihre Tochter eine Möglichkeit zum Fußballspielen.

Person	Signalwörter	Welcher Text passt?
Person 1		
Person 2		
Person 3		

> **Tipp**
>
> Beachten Sie, dass zwei Texte oder Aufgaben sehr ähnlich formuliert sein können. Erst durch genaues (detailliertes) Lesen können Sie richtig zuordnen.

d Schreiben Sie einen Veranstaltungshinweis. Formulieren Sie zwei Aufgaben dazu, d.h. zwei Sätze über eine Person, die eine bestimmte Art Veranstaltung sucht. Ein Satz soll nicht richtig zum Text passen. Ihre Nachbarin / Ihr Nachbar entscheidet dann, welcher Satz zum Text passt.

2 Lösungsstrategien zum Leseverstehen 1

a Wie sieht die beste Lösungsstrategie für das Leseverstehen 1 aus? Entscheiden und begründen Sie.

Strategie 1: Man liest alle Texte und Aufgaben einmal langsam durch und wählt dann aus.
Strategie 2: Man liest alle Aufgaben, liest einen Text und sucht dann die passende Aufgabe aus.
Strategie 3: Man liest eine Aufgabe, dann liest man alle Texte und wählt den passenden aus.
Strategie 4: Man liest einen Text, dann liest man alle Aufgaben und wählt zum Schluss eine Aufgabe aus.

Die beste Lösungsstrategie ist meiner Meinung nach Nummer _____, weil …

b Probieren Sie Ihre Strategie aus: Ordnen Sie den Texten 1–5 die Überschriften A–I zu. Vier Überschriften bleiben übrig.

A Schüler der 10. Klasse braucht für seine Hausarbeit Informationen über Fußball und Integration
B Chinesische Studentin sucht Kontakt zu Einheimischen, um ihr Deutsch zu praktizieren
C Eltern suchen für ihre tanzbegeisterte Tochter im Rollstuhl einen Verein
D Fußballbegeisterter Schüler, gut in Mathe und Physik, hat nachmittags viel Zeit
E Gruppe von Jungen sucht eine Trainingsmöglichkeit in Boxclub
F Sportbegeisterter Schüler aus dem Iran sucht einen Verein mit Freizeit- und Sportaktivitäten
G Student ist neu in der Stadt und sucht Fußballclub zum Mitspielen
H Schülerin braucht mehr Bewegung, hat noch keinen passenden Sport gefunden
I Blindes Mädchen möchte im Tanzverein klassische Tänze lernen

1 Wir sind ein multikultureller Sportverein und machen nicht nur Sport gemeinsam. Ja, wir treiben Sport, aber wir feiern auch zusammen Geburtstage und gehen ins Kino. Freizeit ist mehr als Sport. Bei uns üben wir das Zusammenleben. Eine Welt in einer Mannschaft – natürlich sind Mädchen auch sehr willkommen.

2 Unser Verein kümmert sich um Integration. Wir sind bunt gemischt und viele unserer Mitglieder haben einen Migrationshintergrund. Wir lernen im Spiel das Zusammenspiel. Die größte Gruppe in unserem Verein sind die Fußballer. Komm zu uns - wir brauchen dich!

3 Wir brauchen neue Tänzer und Tänzerinnen. Wir sind kein Behindertensportverein. Aber bei uns trifft man sich auf Augenhöhe. Unser Verein sucht für seine Tanzgruppe bewegungsfreudige Jugendliche. Sitzt du im Rollstuhl und hast Lust zum Tanzen, dann komm auch du bei uns vorbei!

4 Wir kümmern uns um mehr. Zu uns kommst du nach der Schule. Die Mitglieder unseres Vereins unterstützen sich gegenseitig bei den Aufgaben für die Schule. Wir trainieren zusammen: Du hilfst bei Mathematik und andere helfen dir beim Fußball.

5 Unser Sportverein ist groß. Wir haben viele Mitglieder und noch viel mehr Angebote. Bei uns kannst du ausprobieren, was dein Sport ist, was dir am besten gefällt: Fußball, Handball, Volleyball, Badminton, Leichtathletik, Turnen, Hockey, Tischtennis, Klettern und vieles mehr. Finde es heraus!

Tipp

In der Prüfung haben Sie nicht viel Zeit. Sie müssen also schnell, aber gründlich lesen. Wir empfehlen Ihnen die folgende Strategie: Lesen Sie zuerst einen der Texte, dann alle Aufgaben. Unterstreichen Sie beim Lesen, im Text und in den Aufgaben, Signalwörter. Manchmal scheinen von den neun möglichen Lösungen zwei zu passen. Überprüfen Sie dann durch detailliertes Lesen des Textes, welche Möglichkeit tatsächlich richtig ist. Verfahren Sie mit dem nächsten Text nach dem gleichen Muster. Vier Überschriften bleiben übrig.

Training Hörverstehen

▶ Hörstrategien, das Hörverstehen 3 wiederholen

1 Generationen

a Wie stellen Sie sich die Beziehung zwischen den beiden Personen auf dem Foto vor? Schreiben Sie einen Dialog zu diesem Bild.

b Sammeln Sie Wörter. Erklären Sie diese anschließend vor der Klasse.

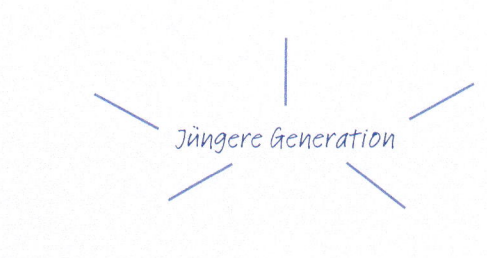

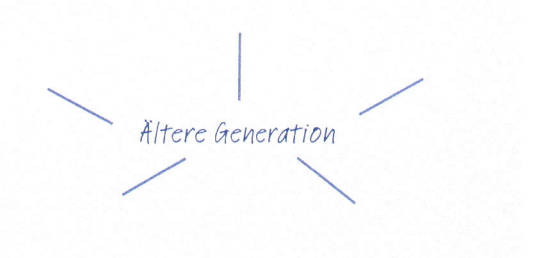

c Was tun die Generationen füreinander? Wie kann sich Solidarität zwischen den Generationen ausdrücken? Nennen Sie einige Beispiele.

Jüngere Generation ◄──────────────► Ältere Generation

2 Hören üben

a Diskutieren Sie gemeinsam, wie man das Hören in der Freizeit üben kann. Haben Sie noch andere Tipps?

> Ich sehe gern deutschsprachige Filme mit Untertiteln. So lerne ich viel und es macht auch noch Spaß.

> Man kann deutschsprachige Radiosender hören.

> Ich höre viel deutschsprachige Musik. So habe ich schon viel gelernt.

> Ich schaue ab und zu deutsches Fernsehen.

b Was machen Sie am liebsten davon? Berichten Sie im Kurs.

3 Multiple-Choice-Aufgaben im Hörverstehen

a Beim dritten Teil des Hörverstehens hören Sie eine Reportage. Diese hören Sie zweimal. ▶ Kapitel 2
Welche Strategien beim Hören halten Sie für sinnvoll?

- [ ] Aufgaben schnell durchlesen und Vorwissen aktivieren
- [ ] Notizen während des ersten Hörens machen
- [ ] Signalwörter in den Aufgaben unterstreichen
- [ ] keine Notizen machen
- [ ] gleich beim ersten Hören die Aufgaben lösen
- [ ] erst beim zweiten Hören die Aufgaben lösen

 b Arbeiten Sie in drei oder vier Gruppen. Entscheiden Sie sich innerhalb Ihrer Gruppe für bestimmte Strategien und probieren Sie diese bei der nächsten Aufgabe aus.

16–17

c Die Solidarität der Generationen: Lesen Sie die Aufgaben 1–9. Sie haben dazu zwei Minuten Zeit. Hören Sie den Text zweimal und lösen Sie die Aufgaben mithilfe Ihrer Strategien.

1. Schüler/innen des Fanny-Leicht-Gymnasiums geben den Älteren … Unterricht.

   A ☐ zweimal pro Woche
   B ☐ alle zwei Nachmittage
   C ☐ nachmittags

2. Die Weiterbildungskurse sind für die Senioren

   A ☐ gebührenpflichtig.
   B ☐ preiswert.
   C ☐ umsonst.

3. Die „Schule in der Schule" wird von … organisiert.

   A ☐ den Gymnasiallehrern
   B ☐ den Oberstufenschülern
   C ☐ den Senioren

4. Den Unterricht dürfen … geben.

   A ☐ alle guten Schüler
   B ☐ nur sehr gute Oberstufenschüler
   C ☐ freiwillige Oberstufenschüler

5. Die Schüler

   A ☐ führen ein Tagebuch über ihren Unterricht.
   B ☐ wählen ihre Teilnehmer selbst.
   C ☐ unterrichten nur Tanzen und Schachspielen.

6. Mehrmals im Jahr treffen sich Junge und Alte außerhalb der Schule, um

   A ☐ kranken Senioren zu helfen.
   B ☐ Verschiedenes gemeinsam zu unternehmen.
   C ☐ Ausflüge zu machen.

7. Die älteren Menschen können durch die Schule

   A ☐ Kontakte zu jungen Menschen knüpfen.
   B ☐ ihren Hunger stillen.
   C ☐ sich über Aktuelles austauschen.

8. Von dieser Initiative profitieren

   A ☐ beide Seiten.
   B ☐ nur die Senioren.
   C ☐ vor allem die Schüler.

9. Der Hörtext stellt … vor.

   A ☐ ein generationenübergreifendes Projekt
   B ☐ eine besondere Schule für Gymnasiasten
   C ☐ ein EU-Projekt für lebenslanges Lernen

> **Info**
>
> Die letzte Aufgabe des Hörverstehens 3 (in der Prüfung ist das Aufgabe 24) bezieht sich immer auf den gesamten Hörtext, nicht auf einen einzelnen Abschnitt.

d Überprüfen Sie Ihre Lösungen gemeinsam. Diskutieren Sie dann in der Klasse, welche Strategien gut und welche vielleicht nicht so gut funktioniert haben.

Training Mündliche Kommunikation

▶ Das Prüfungsgespräch üben

1 Einen Kurzvortrag zum Thema „Werte" vorbereiten

a Wählen Sie aus dem Cluster zum Thema „Werte" mindestens drei Stichwörter, über die Sie sprechen wollen. Sie können auch eigene Stichwörter ergänzen.

b Suchen Sie in einem einsprachigen Wörterbuch Erklärungen zu den Stichwörtern. Schreiben Sie diese um das Schema herum.

Disziplin	·····	Professionalität	·····	Glaube
Solidarität		**Werte**		Wandel
Engagement	·····	Bezug zu Literatur und/oder Film	·····	…

Glaube:
Religion; religiöse Überzeugung;
feste Überzeugung, die auf
Gefühl beruht und nicht auf
Fakten oder Beweisen.

> **Tipp**
>
> Bei der Vorbereitung auf die mündliche Prüfung dürfen Sie ein Wörterbuch benutzen. Gute Dienste kann das einsprachige Wörterbuch leisten: Dort finden Sie nicht nur entsprechende Definitionen, sondern auch Vokabular, das Sie benutzen können. Aufgepasst bei den sogenannten Internationalismen wie z.B. *Solidarität:* Überprüfen Sie im Wörterbuch die richtige Aussprache und den Wortakzent. Diese können anders als in Ihrer Sprache sein.

c Bereiten Sie mithilfe Ihrer Notizen einen Kurzvortrag vor. ▶ Kapitel 3, 4

2 Das Prüfungsgespräch vorbereiten

> **Info**
>
> In der Prüfung folgt nach Ihrem Kurzvortrag ein Prüfungsgespräch, das ca. vier bis fünf Minuten dauert. Dabei werden Ihnen Fragen zum Thema des Vortrags gestellt.

a Welche der drei Strategien ist sinnvoll, welche weniger, wenn Sie die Fragen der Prüferin / des Prüfers nicht ganz verstanden haben?

1 Sie wiederholen die Frage und warten auf eine Bestätigung oder Korrektur des Prüfers.	**2** Sie sagen klar, dass Sie die Frage nicht ganz verstanden haben und bitten um Wiederholung.	**3** Sie antworten einfach und hoffen, dass Ihre Antwort passt.

b Ordnen Sie die Redemittel den drei Strategien in 2a zu. Sprechen Sie anschließend in der Klasse darüber und ergänzen Sie noch eigene Redemittel.

A Entschuldigung, könnten Sie die Frage noch einmal wiederholen? Ich habe Sie nicht ganz verstanden. | **B** Zu dieser Frage kann ich Ihnen sagen, dass … | **C** Sie meinen also, dass … | **D** Das Wort … / den Begriff … in Ihrer Frage verstehe ich nicht. | **E** Könnten Sie bitte den letzten Teil Ihrer Frage wiederholen? | **F** Sie fragen, ob …

Info

Die Prüferin / der Prüfer kann während des Gesprächs Ihren Äußerungen widersprechen oder etwas ergänzen. Darauf sollten Sie in Ihren Antworten Bezug nehmen.

c Ordnen Sie diese Redemittel zu.

auf Widerspruch reagieren	auf Ergänzungen reagieren

A Sicher haben Sie recht, wenn Sie sagen, dass … | **B** Ich dagegen denke aber … | **C** Ich bin da anderer Meinung: … | **D** Zu dem, was Sie gerade gesagt haben, fällt mir noch ein, dass … | **E** Das ist ein interessanter Aspekt, über den ich auch schon nachgedacht habe: … | **F** Als weiteres Beispiel dazu kann ich noch … nennen. | **G** Dazu möchte ich noch Folgendes sagen … | **H** Dem kann ich aus folgenden Gründen nicht zustimmen: …

Tipp

Im Gespräch mit der Prüferin / dem Prüfer können Sie eine Frage bzw. eine Behauptung von ihr / ihm laut wiederholen. So gewinnen Sie Zeit zum Nachdenken.

Info

Nach dem Kurzvortrag werden Sie zu Ihrer Meinung befragt. Begründen Sie Ihre Ansicht zu dem von Ihnen präsentierten Thema.

d Notieren Sie Ihre Meinung: Wie wichtig sind Werte in Ihrem Leben? Welche Werte sind das? Warum sind sie wichtig?

_____

_____

Begründung: _____

_____

3 Den Kurzvortrag und das Prüfungsgespräch dazu üben

a Arbeiten Sie in Gruppen zu dritt. Während eine Person den Kurzvortrag zum Thema „Werte" hält, notieren die anderen Fragen zum Gesagten.

Das von mir bearbeitete Thema heißt … | Unter diesem Begriff versteht man … | Ich spreche über … | Dieser Begriff bedeutet für mich … | Zu Beginn will ich … | Als erstes … | Der erste Aspekt heißt … | Ein anderer Aspekt wäre … | Einerseits … andererseits … | Ein gutes Beispiel für … ist … | Als nächstes … | Abschließend …

b Nun stellt ein Gruppenmitglied ihre / seine Fragen. Die / der andere in der Gruppe beobachtet das Gespräch und macht Notizen.

c Werten Sie anschließend gemeinsam das Gespräch aus: Was können Sie besser machen? Wo können Sie besser reagieren oder noch Bezug auf schon Gesagtes nehmen?

d Tauschen Sie nun die Rollen.

Training Schriftliche Kommunikation

▶ Begründete Stellungnahme: Argumente

Im Prüfungsteil *Schriftliche Kommunikation* sollen Sie zu einem Thema, zu dem Sie bereits einen Text wiedergegeben und eine Grafik ausgewertet haben, Stellung nehmen. D.h., Sie sollen in Ihrem Text Pro (Vorteile) und Contra (Nachteile) zu diesem Thema diskutieren und dabei ihre Position zum Thema darstellen und belegen.

1 Ist Diskutieren sinnvoll?

a Ordnen Sie den Sprechblasen die beiden Meinungen zu.

Ja	Nein

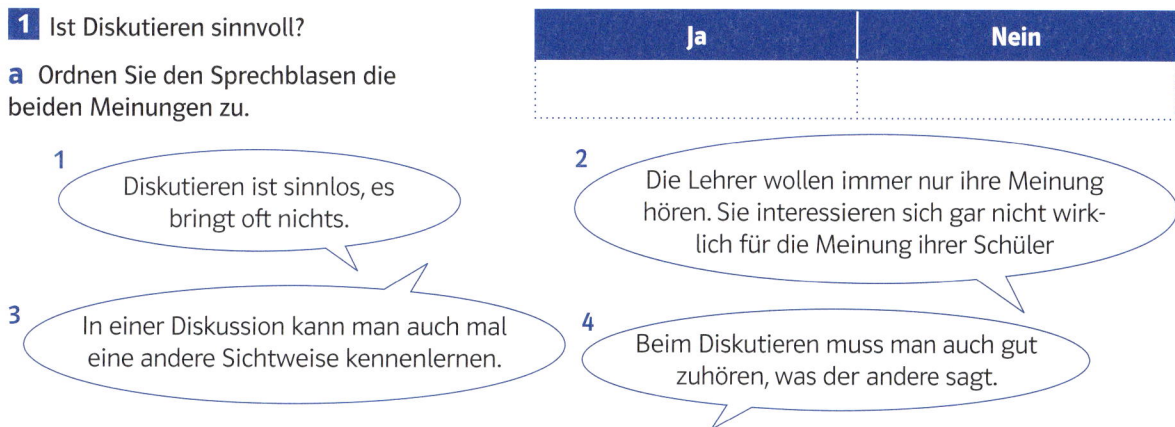

1 Diskutieren ist sinnlos, es bringt oft nichts.

2 Die Lehrer wollen immer nur ihre Meinung hören. Sie interessieren sich gar nicht wirklich für die Meinung ihrer Schüler

3 In einer Diskussion kann man auch mal eine andere Sichtweise kennenlernen.

4 Beim Diskutieren muss man auch gut zuhören, was der andere sagt.

b Fallen Ihnen weitere Argumente ein? Wie ist Ihre Meinung? Sprechen Sie in der Klasse darüber.

2 Thema und Argumente im Text: Welche Überschrift gehört zu welchem Abschnitt?
Lesen Sie den Text und ordnen Sie zu.

Neue Wege, neue Konzepte – Inklusion und Sport in der Schule **– von Rudi Bauer –**

Schulsport hat eine lange Tradition in Deutschland. Als Unterrichtsfach wurde Turnunterricht, so hieß es damals, im 19. Jahrhundert eingeführt, jedoch nur an Gymnasien und nicht für Mädchen. Heute ist Sportunterricht in der Schule für alle Kinder Pflicht.

Das ist auch notwendig, denn im Unterricht sitzen die Kinder zu lange still, viele bewegen sich auch in ihrer Freizeit wenig, ernähren sich ungesund und leiden unter Fettleibigkeit. Was aber, wenn Kinder sich nur eingeschränkt bewegen können, weil sie körperlich behindert sind?

Mit der Ratifizierung eines UN-Abkommens im Jahre 2009 hat sich die Bundesrepublik Deutschland verpflichtet, behinderten Kindern den Zugang zu Schulen mit nichtbehinderten Kindern zu ermöglichen. An der Universität Köln hat man sich Gedanken gemacht, wie ein gemeinsamer Sportunterricht für Behinderte und nicht Behinderte konkret aussehen könnte. Experten sind sich einig: „Es kann nicht mehr um schneller, höher, weiter gehen."

Hindernis-Parcours, die auch mit dem Rollstuhl befahren werden können, sind ein gelungenes Beispiel für Inklusion im Sportunterricht. Ein anderes Unterrichtskonzept ist ein speziell für Kinder entwickeltes Tanz-Programm, bei dem es keine vorgegebenen Bewegungsmuster, also auch kein Richtig oder Falsch, gibt. Bei allen Konzepten steht der Gedanke der Kooperation im Vordergrund. Die Schüler müssen sich gegenseitig unterstützen und entwickeln so Toleranz und Akzeptanz.

Der Sportunterricht und auch die Ausbildung der Sportlehrer müssen sich weiter verändern. Das gleichberechtigte Miteinander von behinderten und nicht behinderten Schülern wird immer wichtiger. Das alles kostet aber Geld und nicht alle sind bereit für die Veränderungen, die dieser Wandel mit sich bringt.

☐ Gründe für die Notwendigkeit des Sportunterrichts
☐ Geschichte des Schulsports
☐ Notwendige Veränderungen und Schwierigkeiten
☐ Veränderung des Konzeptes des Sportunterrichts
☐ Positive Beispiele und Folgen

Tipp

Jeder Textabschnitt hat wichtige Hauptinformationen (früher, heute, Probleme, Lösungen, Vorteile, Nachteile usw.) und Detailinformationen (Beispiele, Zeitangaben usw.), die Sie herausarbeiten sollen. Der Text gibt Ihnen aber auch Ideen für Argumente in Ihrer begründeten Stellungnahme.

3 Welche Vorteile und Nachteile nennt der Text auf S. 63 in Bezug auf das Thema „Inklusion und Sport in der Schule"? Schreiben Sie eine Tabelle in Ihr Heft. Ergänzen Sie weitere positive und negative Aspekte.

Pro	Contra

4 Ein Argument ausformulieren

a Ein Schüler hat ein Argument zum Thema ausformuliert. Ist das Argument pro oder contra? Woran haben Sie das erkannt?

Ich denke, ein Vorteil der Inklusion ist, dass nicht behinderte Kinder auch viel lernen können. Wenn behinderte und nicht behinderte Kinder z. B. zusammen einen Parkcour überwinden sollen, müssen beide die Situation aus dem Blickwinkel des anderen betrachten. Sie müssen ein Verständnis dafür entwickeln, was für den anderen möglich ist, welche Barrieren die Mitschüler z. B. alleine bewältigen können und wie man helfen kann. Wenn man wenig Erfahrung mit Behinderten hat, weiß man das oft nicht. Aber nur so kann man als Team funktionieren und die Aufgabe lösen.

> **Info**
>
> Ein Argument setzt sich aus verschiedenen Teilen zusammen und wird in der Regel so aufgebaut:
>
> **1. Redemittel:** Es zeigt an, ob das folgende Argument positiv oder negativ sein wird bzw. wie Sie es bewerten.
> ↓
> **2. These:** Das ist eine Feststellung oder eine Behauptung, die Sie selbst aufstellen oder die im Text bereits formuliert wurde.
> ↓
> **3. Begründung + Beispiel:** Das kann ein Beleg sein, eine Erklärung, die sich aus Ihrem Wissen oder aus Ihren persönlichen Erfahrungen herleitet.
> ↓
> **4. Fazit:** Das ist eine Schlussfolgerung, eine Verallgemeinerung und zeigt an, dass Sie das Argument abschließen.

b Ordnen Sie zu. Welche Sätze / Satzteile des Textes aus a gehören zu 1, 2, 3 und 4?

1		Redemittel
2		These
3		Begründung + Beispiel
4		Fazit

c Formulieren Sie ein Argument mit den Angaben in der Tabelle. Ergänzen Sie, was fehlt.

1		Redemittel
2	Sport ist Bewegung, Bewegung tut gut	These
3	viel Fastfood, ungesunde Ernährung	Begründung + Beispiel
4		Fazit

d Formulieren Sie nun selbst ein Argument nach dem Schema.

5 Sprachliche Mittel für das Argumentieren

a Ordnen Sie die Redemittel zu.

Ich denke, ein Vorteil von ... ist ... | Negativ sehe ich, ... | Positiv ist ... zu sehen. | Ein anderer Nachteil ist ... | Außer Acht lassen sollte man auch nicht ... | Dafür spricht, dass ... | ... spricht dagegen. | Problematisch ist vielleicht ... | Ungünstig scheint mir ... zu sein. | ... ist von Nachteil. | Gegen ... spricht ...

Vorteile	Nachteile

b Formulieren Sie ganze Sätze aus den Redemitteln.

c Verbinden Sie die folgenden Sätze mithilfe der vorgegebenen Konnektoren.

1. Meiner Überzeugung nach ist ein Vorteil des gemeinsamen Sportunterrichts (dass) er vermittelt Toleranz und Rücksichtnahme. (sowohl – als auch)

2. Junge Schüler lernen schon ab der ersten Klasse, aufeinander Rücksicht zu nehmen, später ist das für sie selbstverständlich. (wenn – dann). Ich halte Sportunterricht von behinderten und nicht behinderten Schülern für wichtig. (deswegen)

3. Ein weiterer positiver Aspekt des inklusiven Sportunterrichts besteht meiner Ansicht nach darin (dass), die Kinder mit einer körperlichen Behinderung sehen ihre Beweglichkeit ist eingeschränkt, Sport ist möglich. (zwar – aber)

4. Der Sportunterricht kann diese Schüler anregen trotz ihrer Behinderung Sport zu machen. Eine Schülerin oder ein Schüler kann z.B. Basketball spielen. Er oder sie sitzt im Rollstuhl. (obwohl)

5. Vielleicht hat das Kind diesen Sport aber noch nie ausprobiert. (weil) Er oder sie ist nicht auf die Idee gekommen oder nicht wusste, wo man das machen kann.

6. Ich finde, die Sportlehrer sollten dann auch wissen, welche Vereine in der Umgebung Sport für Behinderte anbieten. Sie geben diese Informationen an die Schüler weiter. (um ... zu)

7. Inklusion an der Schule ist meiner Meinung nach sehr gut. Negative Aspekte muss man nennen. (trotzdem).

8. Einer könnte sein, dass Sportunterricht mit Inklusion viel Geld kostet. Viele Schulen sind noch alt und haben nicht die passende Ausstattung für Schüler mit Behinderung. (weil)

9. Wie z.B. an meiner Schule, an der es nur Treppen gibt. Ein Rollstuhlfahrer käme nicht in die Sporthalle oder ins Schulgebäude. (deshalb)

10. Bei uns müsste also viel umgebaut werden. Der Zugang für Rollstuhlfahrer wird möglich. (damit)

11. Dafür ist seit Jahren kein Geld da. Es gibt auch keine für die Inklusion ausgebildeten Lehrer an meiner Schule. (außerdem) Das könnten Gründe sein, warum meine Schule keinen gemeinsamen Sport von Behinderten und Nichtbehinderten anbietet.

12. Ich persönlich finde das aber sehr schade. Ich halte einen gemeinsamen Sportunterricht von behinderten und nicht behinderten Schülern für wichtig. (denn) In meinem Tanzverein, wo wir zusammen mit Rollstuhlfahrern tanzen, habe ich nur positive Erfahrungen gemacht.

d Schreiben Sie die Sätze zu einem Text ab. Achten Sie auf die veränderte Verbstellung.

Tipp

Man erwartet von Ihnen in der Schriftlichen Kommunikation, dass Sie die logische Beziehung der Sätze mithilfe von Konnektoren (Satzverbindungsmittel) deutlich machen. Nutzen Sie deshalb oft Konnektoren wie z.B. *trotzdem* / *wegen* / *folglich* / *dadurch, dass ...* / *wenn* / *statt ... zu* usw.

Portfolio 5: Das Material ordnen

1 Strukturieren Sie das Material mithilfe einer Sammelmappe, in der Texte und Bilder gesammelt und geordnet werden können. Sie macht Ihre Fortschritte bei der Bearbeitung des Themas sichtbar und dokumentiert Ihre Arbeit. Beschriften Sie Ihre Mappe mit dem Arbeitstitel Ihres Projekts.

2 Wie würden Sie Rafaels Material ordnen? Diskutieren Sie in der Klasse.

☐ Inhaltsverzeichnis …	☐ DSD II Mündlicher Teil Titelseite	☐ Liste der Waldtiere unter Schutz	☐ Wie definiert man Tierschutz? – in meinem Land – in Deutschland
☐ Tiere im ZOO	☐ Fachwortschatzliste	☐ Plan der Präsentation	☐ Haustiere und ihre Rechte
☐ Umfrage in der Klasse: Wilde Tiere als Maskottchen im Zoo – dafür und dagegen.		☐ Bilder obdachloser Hunde	☐ Tierschutz-organisationen: – in meinem Land – in Deutschland

Tipp

Eine sinnvolle Reihenfolge beim Abheften Ihres gesammelten Materials hilft Ihnen, den Überblick zu behalten. Vielleicht bekommen Sie so schon auch eine Idee, wie Sie später Ihre Präsentation strukturieren können.

Selbstevaluation

Ich habe gemacht ...	✓	Ich bin zufrieden ...		
	✓	☺	😐	☹
Wortschatz				
Leseverstehen				
Hörverstehen				
Mündliche Kommunikation				
Schriftliche Kommunikation				
Projekt				

Meine Wortliste zum Thema „Zusammenleben der Generationen":

Sehen Sie sich noch einmal das Kapitel an und notieren Sie hier wichtige Wörter. Ergänzen Sie dann Ihre Notizen um Wörter, die Sie außerdem brauchen.

Wichtige Redemittel

Meine Lieblingswörter

6 Freizeit – Freie Zeit?

Training Schriftliche Kommunikation

▶ Sätze verbinden

1 Ferienprogramm

a Was machen die Jugendlichen auf den Bildern in ihren Ferien? Ordnen Sie die Bilder den Themen zu.

☐ eine Sprachreise unternehmen   ☐ sich sozial engagieren   ☐ Sport treiben   ☐ Geld verdienen

b Warum machen die Jugendlichen das in den Ferien? Kreuzen Sie den richtigen Konnektor an.
Die Buchstaben ergeben ein Lösungswort.

1. Er fährt mit seiner Sportgruppe weg und trainiert im Trainingscamp, _____ er im nächsten Jahr wichtige Wettkämpfe haben wird.
   G ☐ weil   D ☐ deshalb   R ☐ nämlich

2. Sie will sich beruflich orientieren und ein wenig Geld verdienen. _____ macht sie in den Ferien für zwei Wochen ein Praktikum.
   B ☐ Da   R ☐ Darum   Ü ☐ Zumal

3. Er besucht seine Großeltern. _____ der großen Entfernung kann er das nur in den Ferien tun.
   Ü ☐ Wegen   Z ☐ Deshalb   E ☐ Darum

4. Er liebt es, lange zu schlafen. _____ verbringt er in den Ferien viel Zeit im Bett.
   S ☐ Nämlich   C ☐ Aufgrund   N ☐ Deswegen

5. Sie chattet nach Herzenslust mit Freunden und trifft sich mit ihnen im Cafe. Sie ist _____ einfach gern mit ihren Freunden zusammen – egal ob online oder real.
   T ☐ aufgrund   M ☐ daher   D ☐ nämlich

6. Sie hat Spaß daran, eine Fremdsprache zu lernen. _____ nimmt sie an einer Sprachreise teil.
   G ☐ Da   E ☐ Aus diesem Grund   Ü ☐ Wegen

Lösungswort: _____ _____ _____ _____ _____ _____

> **Tipp**
>
> Das Deutsche ist reich an kausalen Konnektoren. Nutzen Sie diese in der Prüfung, wenn Sie etwas begründen müssen.

c Was machen Sie gern in den Ferien? Schreiben Sie 5 Satzpaare (jeweils eine Aktivität und einen Grund), ähnlich wie in Aufgabe b. Ihre Nachbarin / Ihr Nachbar muss dann Ihre Sätze mit einem passenden Konnektor verbinden.

Schriftliche Kommunikation

▶ Eine Argumentation aufbauen, persönlich Stellung nehmen ▶ Kapitel 5

1 Thema Freizeit: Sollten Schüler in den Ferien eine Sprachreise machen?

a Sie haben 5 Minuten Zeit. Sammeln Sie zusammen Vorteile und Nachteile.

Vorteile	Nachteile
– neue Leute kennenlernen	– Freunde zu Hause nicht sehen
– …	– …

b Sind Ihnen mehr Vorteile oder mehr Nachteile eingefallen? Sind Sie also eher dafür oder dagegen?

2 Zwei Schüler haben zur Frage „Sprachreise in den Ferien?" Stellung genommen.

a Lesen Sie die beiden Ausschnitte. Überlegen Sie zusammen:

- Sind die Schüler für oder gegen oder eher neutral gegenüber Sprachreisen in den Ferien?
- Welche Argumente nennen die Schüler? Markieren Sie in zwei verschiedenen Farben: Argumente, die für (rot) und Argumente, die gegen (blau) eine Sprachreise in den Ferien sprechen.

Schüler 1

Ich bin ganz klar dafür, in den Ferien eine Sprachreise zu machen. Aus meiner Sicht spricht eigentlich fast nichts dagegen und sehr viel dafür. Der erste Vorteil aus meiner Sicht ist, dass man bei so einem Sprachkurs neue Leute kennenlernt. Man reist nicht nur in ein anderes Land, sondern trifft im Sprachkurs dann auch auf viele weitere Lerner mit ganz unterschiedlichen Nationalitäten. Ich habe vor einem Jahr ein Sprachcamp in Deutschland besucht, in dem dann auch viele Jugendliche aus Spanien, Frankreich, Russland und den USA gelernt haben. Das war sehr interessant, denn alle haben viel von sich und ihrem Land erzählt und wir haben auch neben dem Sprachkurs viel zusammen gemacht, sodass wir uns richtig gut kennengelernt und auch Freundschaft geschlossen haben. So etwas erlebt man nur bei einer Sprachreise ins Ausland. Natürlich könnte man auch sagen, dass man seine Familie vermisst, wenn man im Ausland ist. Aber auch dazu habe ich einen klaren Standpunkt: Die Familie sieht man doch das ganze Jahr. Eine oder zwei Wochen schafft man es also auch mal ohne sie und man kann ja telefonieren oder über das Internet sprechen.
Ein weiterer Vorteil einer Sprachreise ist offensichtlich: Man lernt nirgends die Sprache so gut wie in einem Land, in dem sie gesprochen wird. Man …

Schüler 2

Aus meiner Sicht gibt es einiges, was für eine Sprachreise in den Ferien spricht, aber auch einiges, was dagegen spricht. Auf der einen Seite ist es natürlich ein Vorteil, dass man sich bei einer Sprachreise in den Ferien ganz intensiv mit der Sprache beschäftigen kann. Man hat in dem Ferienkurs keine anderen Fächer, nur den Sprachunterricht, in dem man mehrere Stunden pro Tag lernt. Und dann wendet man das Gelernte auch gleich praktisch an, was im Schulunterricht so nicht möglich ist. So lernt man viel effektiver. Meine Cousine hat einmal einen Sprachkurs in Deutschland gemacht und sie konnte ihre Sprachkenntnisse wirklich verbessern. Sie hat mir aber auch erzählt, dass so viel Sprachunterricht sehr anstrengend war. Das ist die andere, und wie ich finde, die negative Seite. Die Ferien sind zur Erholung vom Schulstress da. Man sollte in den Ferien schöne Dinge mit Freunden unternehmen, für die man während der Schule keine Zeit hat. Wenn man aber zu einer Sprachreise ins Ausland fährt, kann man sich in den Ferien weder erholen, noch sieht man seine Freunde. Das ist meiner Meinung nach etwas, das klar gegen eine Sprachreise in den Ferien spricht. Ich persönlich finde allerdings auch, dass …

b Markieren Sie in einer dritten Farbe: Wo schreiben die Schüler über ihre persönliche Meinung?

c Lesen Sie die Info und ergänzen Sie die Sätze.

Info

Sie haben zwei Möglichkeiten, ihre Argumentation aufzubauen: dialektisch oder linear. Dialektisch heißt, dass man das Thema oder die Frage von zwei Seiten betrachtet und (sachliche) Argumente nennt, die dafür und dagegen sprechen. Die eigene Meinung ist integriert oder schließt sich am Ende an und kann noch durch weitere Argumente gestützt werden.
In der linearen Argumentation nennt man hauptsächlich Argumente, die die eigene Position stützen. Wenn man Gegenargumente nennt, widerlegt man sie gleich oder schränkt sie ein.

Die Argumentation von Schüler 1 ist _____. Schüler 2 hat eine _____
Argumentation geschrieben.

d Schon am Anfang können Sie durch Redemittel darauf hinweisen, welchem Argumentationsmuster Sie folgen wollen. Was passt: linear oder dialektisch?

1. _____	2. _____
Ich bin klar dafür/dagegen, dass … Für mich persönlich gibt es nur Argumente, die dafür/dagegen sprechen. Meine Position bei dieser Frage ist ganz deutlich.	Ich sehe sowohl Vor- wie auch Nachteile. Aus meiner Sicht gibt es vieles, was dafür, aber auch einiges, was dagegen spricht. Meiner Meinung nach muss man die Fragen aus verschiedenen Perspektiven betrachten.

e Welche dieser Redemittel eignen sich für die lineare und welche für die dialektische Form der Argumentation? Schreiben Sie eine Tabelle ins Heft und ordnen Sie zu.

auf der einen Seite … auf der anderen Seite | einerseits … andererseits | Während … | Zwar … aber … | dennoch … | trotzdem …

Des Weiteren … | Darüber hinaus … | Außerdem … | Schließlich ist noch … zu nennen. | Zu nennen ist hier auch noch … | Dann muss auch Folgendes berücksichtigt werden: … | Dazu kommt auch noch …

3 Wann welche Argumentationsform: Linear oder dialektisch?

Diskutieren Sie und kreuzen Sie an: Welche Argumentationsform passt vielleicht besser?

	linear	dialektisch
1 Ich habe ungefähr gleich viele Argumente dafür und dagegen.		
2 Meine eigene Position zum Thema ist ganz klar pro oder contra und ich habe ausreichend Argumente und Beispiele, um diese Position zu stützen.		
3 Ich habe deutlich mehr Argumente dafür / dagegen.		
4 Ich habe selber noch keine klare Meinung und will durch das Aufzählen und Belegen verschiedener Argumente zu einer Meinung am Ende finden.		

Tipp

In der Prüfung können Sie zwischen beiden Argumentationsformen wählen, mit beiden können Sie die gleiche Punktzahl bekommen. Wählen Sie die Form, die besser zu Ihren Argumenten und zu Ihrer eigenen Meinung passt. Bei beiden Formen ist aber wichtig, dass Sie Ihre eigene Meinung deutlich machen. Das heißt man muss erkennen, was Ihre Meinung ist und Sie müssen sie begründen und evtl. noch durch Beispiele belegen.

4 Ihre Argumentation

a Kommen Sie auf Ihre Argumente in Aufgabe 1 zurück. Welche Argumentationsart eignet sich besser für Sie?

b Schreiben Sie eine persönliche Stellungnahme zum Thema „Sprachreisen in den Ferien?"

c Tauschen Sie den Text mit Ihrer Nachbarin / Ihrem Nachbarn aus. Bewerten Sie den Text anhand der folgenden Kriterien.

	☺	😐	☹
Ist der Text verständlich?			
Ist die Argumentationsform (dialektisch / linear) erkennbar?			
Ist die eigene Meinung deutlich, d.h. ▪ durch Redemittel markiert? ▪ klar formuliert und begründet (durch Argumente/Beispiele belegt)?			
Sind die Sätze einfach oder komplex (Konnektoren)?			

d Geben Sie Ihrer Nachbarin / Ihrem Nachbarn Tipps, was sie / er besser machen könnte.

5 Eine persönliche Stellungnahme schreiben

a Lesen Sie den Text. Markieren Sie Argumente.

Allein verreisen …
von Maren Winter

Mit den Freunden nach England, campen in den Niederlanden oder eine Radtour durch Ostdeutschland – Hauptsache: Mama und Papa bleiben zu Hause! Ab einem gewissen Alter wollen Jugendliche lieber alleine in den Urlaub fahren. Ihre Eltern aber haben Bedenken.

Sie machen sich Sorgen, glauben häufig, dass ihr Sohn oder ihre Tochter noch zu jung ist. Schließlich kennen die Kinder das Reisen bislang nur mit den Eltern, die alles organisiert und eventuelle Probleme gelöst haben. Auf Reisen, besonders ins Ausland, kann viel passieren.

Dass Jugendliche alleine verreisen wollen, kann man aber auch gut verstehen. Denn der Urlaub mit Mutter und Vater wird ab einem gewissen Alter zu langweilig. Die Interessen stimmen nicht mehr überein und immer wieder gibt es Diskussionen darüber, welche Urlaubsaktivitäten für alle passen.

Eine gute Alternative bieten in diesem Fall betreute Jugendreisen. Sie gehen speziell auf die Interessen und Bedürfnisse von Teenager ein. Die jungen Leute erleben die Freiheit, ohne Eltern zu verreisen und trotzdem nicht ganz ohne Aufsicht und Betreuung zu sein. Wenn etwas passiert, kann jemand helfen, und natürlich gibt es auch bei Jugendreisen Regeln, an die man sich halten muss. Aber es sind eben doch nicht Mama und Papa, die immer wissen wollen, was man gerade macht. So können die jungen Leute lernen, sich an fremden Orten und in der Gruppe zurechtzufinden. Sie können neue Freundschaften schließen und Abenteuer erleben – ohne die Eltern im Hintergrund.

Natürlich müssen Eltern selbst entscheiden, ab welchem Alter sie ihre Kinder allein auf Reisen schicken. Und auch nicht jeder Jugendliche möchte alleine verreisen. Dennoch kann eine solche Reise ein erster Schritt in die Selbstständigkeit sein.

Quelle: Das Magazin, Juni 2015 (zu Prüfungszwecken bearbeitet)

b Bereiten Sie Ihre persönliche Stellungnahme vor, notieren Sie:

Schritt 1: Welche Vor- und Nachteile nennt der Text?
Schritt 2: Sammeln Sie eigene Argumente dafür oder dagegen.
Schritt 3: Wie ist Ihre Meinung? Wie ist Ihre Position zum Thema: neutral, dafür, dagegen?
Schritt 4: Überlegen Sie, welche Argumentationsform Sie nutzen wollen (linear oder dialektisch)?

c Schreiben Sie Ihre persönliche Stellungnahme. Wie lange brauchen Sie dafür?

 d Tauschen Sie den Text mit Ihrer Nachbarin / Ihrem Nachbarn. Überprüfen Sie die Texte mithilfe einer Tabelle wie in Aufgabe 4c. Besprechen Sie Ihre Bewertung im Anschluss.

Freizeit – Freie Zeit?

Training Mündliche Kommunikation

▶ Das Kriterium „Interaktion" im Prüfungsgespräch

1 Das Wort ergreifen

a Lesen Sie die Kriterien der mündlichen Prüfung C1 zur Interaktion: Wie verstehen Sie die Kriterien? Beschreiben Sie die Unterschiede mit eigenen Worten.

> **Info**
>
> Nach dem Kurzreferat stellt Ihnen die Prüferin / der Prüfer einige Fragen. Sie sollen die Fragen beantworten und möglichst selbst auch die Initiative ergreifen.

3 Punkte → C1
Der Schüler vertritt überzeugend seine Position, ergreift die Initiative, geht auf Fragen und Kommentare ein und reagiert flüssig, spontan und angemessen auf Argumente.

1 Punkt → B2
Der Schüler vertritt seine Position, geht auf Fragen und Kommentare ein und reagiert auf Argumente.

0 Punkte → unter B2
Der Schüler vertritt seine Position, hat aber Schwierigkeiten, sich auf eine Diskussion einzulassen.

b Wie würden Sie im folgenden Gespräch die Interaktion von drei Schülern bewerten? Begründen Sie Ihre Meinung.

> Sie meinen also, dass die Schüler immer weniger lesen? Warum?

1
> Ich mag keine Bücher. Ich sehe mir lieber die Verfilmung an.

_____ Punkte

2
> Ich denke, dass die Situation wirklich so ist, wie ich sie gerade gezeigt habe. Ich habe auch mit meinen Eltern darüber gesprochen. Früher hat man mehr gelesen, sie haben sogar Bücher von ihrem Taschengeld gekauft. In meiner Klasse gibt es nur eine Person, die sich für ihr Taschengeld Bücher kauft. Die anderen geben das Geld eher fürs Kino oder die Disco aus. Gründe dafür sehe ich in …

_____ Punkte

3
> Die Schüler sind zu faul zum Lesen. Sie spielen nur Computer. Sie chatten und surfen im Internet. Das ist nicht gut.

_____ Punkte

2 Partnerspiel

a Ordnen Sie die Fragen den Stichwörtern zu.

1. Denken Sie, dass junge Menschen in ihrer Freizeit auch arbeiten sollen?
2. Sie haben aktive Erholung als die beste Freizeitgestaltung genannt. Warum?
3. Kennen Sie Bücher zu diesem Thema?

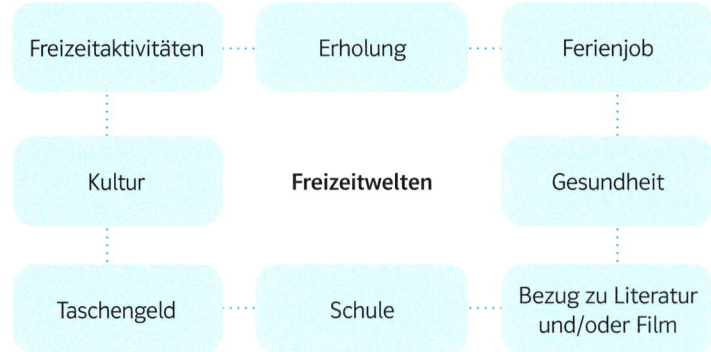

b Reagieren Sie abwechselnd auf diese Fragen und bewerten Sie Ihre Antworten nach den Kriterien oben.

c Stellen Sie Fragen zu anderen Stichwörtern und antworten und bewerten Sie weiter.

Wortschatztraining

 1 Beantworten Sie die Quizfragen zum Thema Medien. ▶ Kapitel 1

Frage	Antwort	Punkte
1 Nennen Sie fünf Anglizismen aus der Computersprache.		___ / 5
2 Welche technischen Geräte nutzen moderne „Medien"? (5 Geräte)		___ / 5
3 Was passt zusammen? a etwas ins Internet 1 hören b das Internetradio 2 runterladen c die Datei 3 stellen d eine E-Mail 4 lesen e eine Webseite 5 erstellen		___ / 5
4 Bilden Sie mindestens je zwei Komposita a Chat… b Speicher… c Drucker…	a _____ b _____ c _____	___ / 4
5 Welches Wort fehlt? …kompetenz …kritik …nutzung		___ / 1
	Gesamtpunktzahl	___ / 20

Tipp

Wiederholen Sie in regelmäßigen Abständen den gelernten Wortschatz.

---

 2 Eine Umfrage durchführen und auswerten ▶ Kapitel 3, 4

a „Wie sieht dein Medienalltag aus?" Führen Sie eine Umfrage in der Klasse durch. Schreiben Sie die Fragen an die Tafel und führen Sie eine Strichliste.

1. Welches technische Gerät nutzt du am meisten?
   A ☐ Fernseher   B ☐ Computer   C ☐ Handy
2. Wie lange bist du pro Tag durchschnittlich online?
   A ☐ 30 Minuten   B ☐ 60 Minuten   C ☐ 90 Minuten   D ☐ mehr als 90 Minuten
3. Welche Funktion des Handys ist für dich am wichtigsten?
   A ☐ SMS schreiben   B ☐ Spiele spielen   C ☐ telefonieren   D ☐ fotografieren
4. Hast du schon mal selbst etwas ins Internet gestellt?
   A ☐ Ja   B ☐ Nein
5. Was ist wichtiger für dich?
   A ☐ Internetkontakt   B ☐ persönlicher Kontakt

b Diskutieren Sie: Mit welchem Diagramm könnte man die Ergebnisse Ihrer Umfrage gut darstellen?

c Welche allgemeinen Angaben können Sie zu Ihrer Umfrage machen?

Titel:
Thema:
Anzahl der befragten Schüler/innen:
Quelle: Klassenumfrage, Datum: _____ Ort: _____

 d Welche Redemittel brauchen Sie, um die Umfrage auszuwerten?
Werten Sie die Umfrage zu zweit aus. Stellen Sie Ihre Ergebnisse dann einer anderen Gruppe vor.

Freizeit – Freie Zeit?

Training Leseverstehen

▶ Das Leseverstehen 2 wiederholen

1 Erinnern Sie sich an die Aufgaben im Leseverstehen 2? Beantworten Sie die Fragen. ▶ Kapitel 2

A Wie viele Aussagen müssen Sie prüfen? _____

B Wie heißen die Wörter, die Ihnen helfen eine Textstelle zu finden? _____

C Was müssen Sie bei dieser Aufgabe entscheiden? _____

2 Die Aufgaben lösen

> **Tipp**
>
> Um das Leseverstehen 2 zu üben, können Sie so vorgehen: Lesen Sie die Aussage. Formulieren Sie die Aussage mit eigenen Worten und notieren Sie in der Tabelle. Suchen Sie dann die passende Stelle im Text „Null Blog" und entscheiden Sie, ob die Aussage richtig (r) oder falsch (f) ist, oder ob der Text dazu nichts sagt.
>
> Die Reihenfolge der Aussagen 1 bis 7 folgt immer der Reihenfolge der Aussagen dazu im Text. Der Text sagt also zuerst etwas zu Aussage 1, dann zu 2, usw. Es hilft beim Lösen, wenn Sie Signalwörter markieren und die Textstellen entsprechend der Aufgabe nummerieren.

a Lesen und lösen Sie jetzt die Aufgaben 1 bis 7 wie im Tipp und mit dem Beispiel Z erklärt.

	Was steht in der Aussage? (mit eigenen Worten)	r	f	Der Text sagt dazu nichts	Was steht im Text?
Z	schaut sehr gern Sport-videos bei Youtube an			X	klickt sich durch Sportvideos bei Youtube, schaut sie sich an, nebenbei = keine Aussage, ob er sie begeistert anschaut
1					
2					
3					
4					
5					
6					
7					

b Vergleichen Sie Ihre Lösungen in der Klasse.

c Überlegen Sie gemeinsam, warum Sie (einen) Fehler gemacht haben oder erklären Sie den anderen, wie Sie die richtige Lösung gefunden haben.

Haben Sie …
- die Textstelle nicht gefunden?
- ein Synonym nicht erkannt?
- keine Konzentration heute?
- die Aussage nicht verstanden?

Beispiel:

Z	Jetlir schaut sich begeistert Sportvideos bei Youtube an.

1	Für Jetlir ist der Basketballclub sehr wichtig.
2	Das Internet spielt die Hauptrolle in Jetlirs Leben.
3	Viele Forschungsprojekte weisen nach, dass die Existenz einer „Generation @" nicht zutreffend ist.
4	In den Internet-Communities wird über andere gesprochen, es werden Witze gemacht und man stellt sich dar – genauso wie im realen Leben.
5	Der Wissenschaftler Dr. Schulmeister meint, dass bei den jungen Leuten der Austausch über Sport und Freunde wichtig ist.
6	Die Statistik der Internetnutzung zeigt, dass die Unterhaltungsangebote am meisten genutzt werden.
7	Die Mediennutzungszeit wird durch die Addition der Nutzungszeiten errechnet.

„Null Blog"

Tag für Tag ist Jetlir online, oft viele Stunden bis spät in die Nacht. Fast immer ist auf dem Bildschirm das Fenster seines Chat-Programms offen. Freunde und Bekannte schreiben da gleichzeitig durcheinander. Ab und zu tippt Jetlir einen Satz, irgendwas Witziges oder ein Hallo, während er sich nebenbei durch die Sportvideos bei YouTube klickt. Jetlir ist 17 Jahre alt und Gymnasiast in Köln. Er könnte gut in einer der Z
üblichen Geschichten über die „Netzgeneration" auftreten, die durch das virtuelle Netz gefährdet ist. Aber wirklich wichtig sind ihm andere Dinge, allen voran Basketball. „Der Verein geht vor", sagt Jetlir. Auch sonst hat das echte Leben Vorrechte: „Wenn sich jemand mit mir treffen will, mache ich sofort die Kiste aus."
In Jetlirs Alltag spielt das Internet eine paradoxe Rolle: Er nutzt es ausgiebig – aber es ist ihm nicht wichtig. Es ist unverzichtbar, aber nur, wenn sonst nichts anliegt. „Eine Nebensache", sagt er. Dabei schwärmen Experten seit Jahren von einer technikbeseelten Jugend neuen Typs: mobil, vernetzt und immer online. Ihr Leben würde gar nicht mehr ohne Computer und Mobiltelefon stattfinden, behaupten sie. Diese Medienexperten nennen solche Jugendlichen „Cyberkids", „Generation @" oder schlicht die „Netzgeneration".
Belege dafür gibt es kaum. Statt auf Studien stützen sich die Visionäre vor allem auf eindrucksvolle Einzelbeispiele jugendlicher Netzvirtuosen. Über die gesamte Generation sagt das natürlich wenig aus, wie die Forschung inzwischen weiß. Zahlreiche Studien haben zusammengetragen, wie die Jugend tatsächlich mit dem Internet umgeht. Ihre Forschungsberichte lassen vom Bild der „Netzgeneration" wenig übrig – und zugleich räumen sie auf mit dem Glauben an die alles verändernde Macht der Technik.
Die Erhebung des Hans-Bredow-Instituts mit dem Titel „Heranwachsen mit dem Social Web" ging dabei besonders gründlich vor. Wie sich hier zeigte, dient das Internet vor allem der Freundschaftspflege. In den sozialen Netzwerken von Facebook bis SchülerVZ wird getratscht, gewitzelt und posiert – ganz wie im echten Leben. Älteren mag das völlig sinnfrei vorkommen, für die Jugend gehört es zum Gruppenleben, genauso wichtig wie ein freundliches Winken oder eine Blödelei in der Offline-Welt.
Prof. Dr. R. Schulmeister, ein Experte für digitale Medien im Unterricht, kommt zu dem Schluss, dass die Medien nur einen Teil der Freizeitaktivitäten ausmachen und es auch sehr viele Jugendliche gibt, denen der Onlinerummel egal ist. „Das Internet ist nur ein Medium unter anderen. Für Jugendliche ist es immer noch wichtiger, Freunde zu treffen oder Sport zu treiben." Es geht um den Austausch mit ihresgleichen.
E-Mail, Chat und soziale Netzwerke machen zusammen den größten Einzelposten in der Nutzungsstatistik aus. Die Unterhaltung ist der zweitgrößte Posten in der Nutzungsstatistik. Inzwischen hören mehr Jugendliche ihre Musik im Internet als im Radio. Vor allem das Videoportal YouTube ist hier für die Jugendlichen wichtig geworden, denn es gibt kaum ein Lied, das man dort nicht finden könnte.
Die reine Mediennutzungszeit nimmt zwar zu, aber wer einfach nur Nutzungszeiten addiert, bekommt ein falsches Bild. Die meisten Jugendlichen können problemlos gleichzeitig telefonieren, bei Facebook stöbern und nebenher Musik hören. Und sie sind wohl vor allem zu jenen Zeiten online, die sonst ungenutzt bleiben würden. „Ich bin im Internet, wenn ich nichts Besseres zu tun habe", sagt Jetlir. „Und leider auch oft, wenn ich längst schlafen sollte." So kann die Mediennutzung stetig ansteigen und doch bleibt reichlich Lebenszeit erhalten.

 3 Fassen Sie den Text kurz für Ihre Nachbarin / Ihren Nachbarn zusammen.

Freizeit – Freie Zeit?

Training Hörverstehen

▶ Das Hörverstehen 3 wiederholen ▶ Kapitel 2, 5

1 Den Wortschatz vorentlasten: Welches Wort / welche Wortgruppe passt?

einen Einblick bekommen | sich eignen für | etwas überbrücken | vergüten | unter fachmännischer Anleitung arbeiten | der Verdienst | die Verpflegung | Ermäßigung erhalten | die Einsatzstelle | sich austauschen über | Verantwortung übernehmen

1. Essen, das man während der Arbeit oder während eines Ausflugs bekommt: *die Verpflegung*

2. Lohn für eine Tätigkeit bezahlen: _____

3. aufgrund eines Schüler- und Studentenausweises weniger Eintritt bezahlen: _____

4. auf einem neuen Gebiet erste, kurze Erfahrungen machen: _____

5. von einem Experten Hilfe bei der Arbeit bekommen: _____

6. zuständig für etwas oder jemanden sein: _____

7. mit anderen über ein Thema sprechen: _____

8. Talent für etwas haben: _____

9. eine Wartezeit mit anderen Tätigkeiten füllen: _____

10. ein Ort, an den man zum Arbeiten geschickt wird: _____

11. Geld, das man für seine Arbeit bekommt: _____

2 Die Sozialversicherung in Deutschland

a Ergänzen Sie: Welche Versicherungen gehören zur Sozialversicherung?

Arbeitslosenversicherung | Krankenversicherung | private Unfallversicherung | Haftpflichtversicherung | Pflegeversicherung | Rentenversicherung

Sozialversicherung:

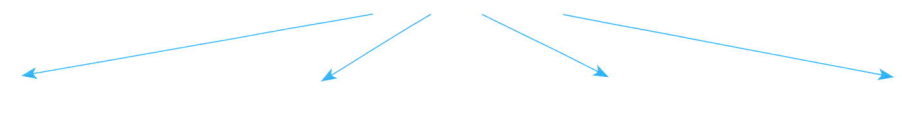

_____   _____   _____   _____

b Welche Versicherung ist dafür zuständig?

1. Wenn man seine Arbeit verloren hat, leistet diese Versicherung finanzielle Hilfe.   _____

2. Wenn man im Alter nicht mehr arbeitet, zahlt diese Versicherung einen monatlichen Betrag.   _____

3. Wenn man erkrankt, übernimmt diese Versicherung die Kosten für den Arzt und die Medikamente.   _____

4. Wenn man aufgrund einer Krankheit oder im Alter medizinische Pflege braucht, hilft diese Versicherung.   _____

5. Wenn man bei der Arbeit einen Unfall hatte, trägt diese Versicherung die Kosten für die Behandlung.   _____

3 Recherchieren Sie im Internet Fakten zum Freiwilligen Sozialen Jahr (FSJ).

1. Seit wann gibt es die Möglichkeit, ein FSJ zu absolvieren?
2. In welchen Bereichen kann man arbeiten?
3. Welche Einsatzstellen kommen in Frage?
4. Welchem allgemeinen Dienst wird das FSJ seit 2011 zugeordnet?

4 Ein „Freiwilliges Soziales Jahr beim FSD Köln"

a Lesen Sie die Fragen. Hören Sie dann das Interview und notieren Sie Stichpunkte zu den Fragen.

> **Tipp**
>
> Wenn Sie Fragen beantworten, müssen Sie keine vollständigen Sätze schreiben, Stichworte genügen. Notieren Sie die wichtigsten Wörter. Verwenden Sie bei den Notizen Abkürzungen.

1. Für wen ist ein FSJ sinnvoll?
2. Wie wird das FSJ vergütet?
3. Wo muss man sich bewerben?
4. Wann beginnt ein FSJ normalerweise?
5. Was kann man bei den Bildungsseminaren machen?
6. Welchen zusätzlichen Vorteil hat ein FSJ?

> **Tipp**
>
> Beim ersten Hören können Sie Notizen zum Text machen, anstatt gleich die richtige Antwort anzukreuzen. So konzentrieren Sie sich auf den ganzen Text statt auf die einzelnen Aufgaben.

b Hören Sie den Text ein zweites Mal. Kreuzen Sie die richtige Antwort an.

> **Tipp**
>
> Wenn Sie eine Information überhört haben, überlegen Sie nicht lange. Richten Sie Ihre Aufmerksamkeit auf die nächste Aufgabe.

1. Das Freiwillige Soziale Jahr gibt jungen Menschen die Möglichkeit,

   A ☐ die Schule gut abzuschließen.
   B ☐ eine Ausbildung auszuprobieren.
   C ☐ ihre Berufsvorstellungen zu überprüfen.

2. Von dem monatlichen Verdienst muss man

   A ☐ verschiedene Versicherungsbeiträge bezahlen.
   B ☐ die eigene Verpflegung bezahlen.
   C ☐ sich einen speziellen Ausweis kaufen.

3. Die Vermittlungsstellen für das FSJ heißen

   A ☐ Teamer.
   B ☐ Träger.
   C ☐ Einsatzstellen.

4. Bei Problemen und Fragen

   A ☐ hilft einem der Träger.
   B ☐ bekommt man keine Unterstützung.
   C ☐ muss man einen Brief schreiben.

6. In den Bildungsseminaren geht es um

   A ☐ Erfahrungsaustausch.
   B ☐ die zukünftige Arbeit.
   C ☐ die Vergütung.

c Hat es Ihnen geholfen, beim ersten Hören Notizen zu machen?
Sprechen Sie im Kurs über Ihre Erfahrungen.

Portfolio 6: Arbeit mit dem Wörterbuch

Tipp

Nicht alle Texte, die Sie bei Ihrer Recherche für Ihr Thema finden, sind auf Deutsch, deshalb müssen Sie manchmal auch Texte übersetzen. Dafür brauchen Sie ein gutes Wörterbuch.

1 Haben Sie das richtige Wörterbuch?

a Haken Sie ab: Enthält Ihr Wörterbuch …

– Hinweise zur Aussprache (Akzente oder phonetische Transkription)?	
– Markierungen zur Silbentrennung?	
– die Pluralformen von Nomen?	
– den Artikel von Nomen?	
– Beispielsätze?	
– eine Liste der unregelmäßigen deutschen Verben?	
– mindestens 50 000 Wörter pro Sprache?	

Tipp

Wenn Sie alles angekreuzt haben, haben Sie ein gutes Wörterbuch. Wenn nicht, sollten Sie ein anderes wählen, das alle Anforderungen erfüllt. Außerdem sollten Sie zusätzlich mit einem einsprachigen deutschen Wörterbuch arbeiten und Übersetzungen dort immer noch einmal prüfen. Sie finden auch im Internet gute Onlinewörterbücher, z.B. http://wortschatz.uni-leipzig.de, www.pons.eu oder www.dwds.de.

b Können Sie mit Ihrem Wörterbuch richtig umgehen? Üben Sie:

- Verstehen Sie die Abkürzungen? ▪ Wie werden Plural oder Genitivformen dargestellt? ▪ …

2 Vorsicht! Falsche Freunde!

Überlegen Sie gemeinsam im Kurs, welche Beispiele es für folgende „falsche Freunde" gibt.

1. ein Wort in Ihrer Sprache – zwei oder mehrere Bedeutungen auf Deutsch
2. ein Wort auf Deutsch – zwei oder mehrere verschiedene Bedeutungen in Ihrer Sprache
3. ein Nomen auf Deutsch mit zwei Artikeln und verschiedenen Bedeutungen

Tipp

Lesen Sie also im Wörterbuch alle Bedeutungen unter dem gesuchten Wort. Welche Bedeutung (welcher Kontext) kommt Ihrem Text am nächsten?

3 Ein Glossar anlegen

Tipp

Für Ihre Projektarbeit brauchen Sie wahrscheinlich ganz spezielle und neue Wörter. Prüfen Sie diese gut – mit dem Wörterbuch, aber auch im Internet. Haben Sie das richtige Vokabular? Legen Sie sich ein Glossar an, notieren Sie die Wörter auf Deutsch und in Ihrer Muttersprache. Notieren Sie auch den Artikel, evtl. Pluralendungen oder Besonderheiten (Deklination, Konjugation, Zeitformen).

Deutsch	Polnisch
der Tierschutz die Tierschutzorganisation, -en	

Selbstevaluation

Ich habe gemacht ...		Ich bin zufrieden ...		
	✓	☺	😐	☹
Schriftliche Kommunikation				
Mündliche Kommunikation				
Wortschatz				
Leseverstehen				
Hörverstehen				
Projekt				

Meine Wortliste zum Thema „Freizeit – Freie Zeit":

Sehen Sie sich noch einmal das Kapitel an und notieren Sie hier wichtige Wörter. Ergänzen Sie dann Ihre Notizen um Wörter, die Sie außerdem brauchen.

_____
_____
_____
_____
_____
_____
_____
_____
_____

_____
_____
_____
_____
_____
_____
_____
_____
_____

_____
_____
_____
_____
_____
_____
_____
_____
_____

_____
_____
_____
_____
_____
_____
_____
_____

Wichtige Redemittel

_____
_____
_____
_____
_____
_____
_____

Meine Lieblingswörter

_____
_____
_____
_____
_____
_____
_____

7 Mobilität

Wortschatztraining

1 Wie heißen diese „eingewanderten"
Wörter? Die grauen Kästchen ergeben
senkrecht das Lösungswort.

1. der Rechner
2. das Weltmeer
3. der Fernsprecher
4. die Erdkunde
5. das Dunkelblaurot
6. das geschäftliche Treffen
7. der Vorgesetzte
8. der Erdteil
9. der Raumfahrer
10. der begeisterte Anhänger, z. B. Fußball-

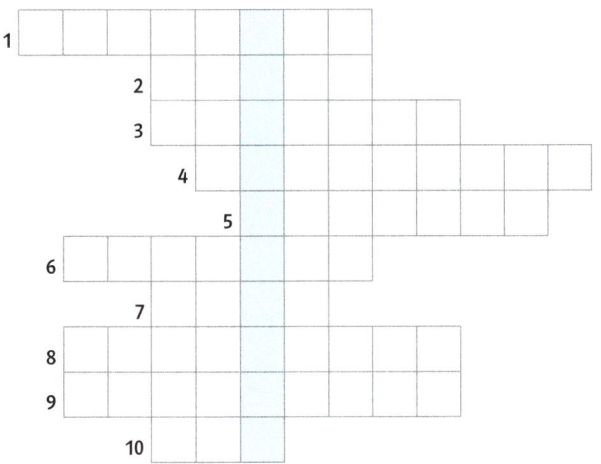

Tipp

Im Deutschen gibt es einen „doppelten" Wortschatz, denn fast alle Fremdwörter haben ein deutsches
Äquivalent. Diese werden in der Prüfung oft als Synonyme verwendet. Notieren Sie die Äquivalente
beim Vokabellernen auf Ihren Vokabelkärtchen.

2 Wortbildung

a Bilden Sie Nomen. Manchmal gibt es mehrere Möglichkeiten.

1. heimatlos — *der / die Heimatlose, die Heimatlosigkeit*
2. auswandern _____
3. einwandern _____
4. zuwandern _____
5. emigrieren _____
6. einheimisch _____
7. fliehen _____
8. ankommen _____

b Wählen Sie in Gruppen eines der Nomen aus Aufgabe 2a und erklären Sie es anhand von Beispielen,
ohne den Begriff zu nennen. Die anderen raten, um welchen Begriff es geht.

Training Mündliche Kommunikation

▶ Den Kurzvortrag und das Prüfungsgespräch üben

 1 Thema Mobiliät

a Arbeiten Sie zu dritt. Welche Stichwörter fallen Ihnen zum Thema „Mobilität" ein?

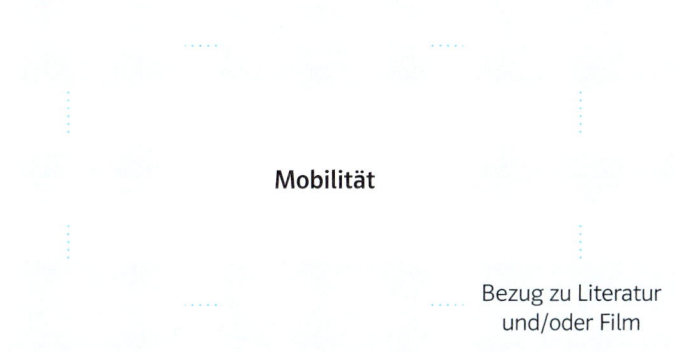

Mobilität

Bezug zu Literatur
und/oder Film

b Erinnern Sie sich? Welchem Teil des Kurzvortrags würden Sie die einzelnen Punkte zuordnen?

A Erklärung des Begriffes (Definition) | **B** aktuelles Beispiel | **C** Argumente (Pro & Contra) | **D** Eigene Meinung | **E** Problemstellung | **F** Ursache – Wirkung – Folge | **G** Vergleich: mein Land – Deutschland | **H** persönlicher Bezug | **I** gegenwärtige Situation | **J** Ausblick auf die Zukunft oder Lösungsmöglichkeiten

Einleitung	Hauptteil	Schluss

c Bereiten Sie nun einen Kurzvortrag zum Thema „Mobilität" vor. Erstellen Sie auch eine Folie / ein Plakat für Ihren Vortrag mit den wichtigsten Punkten.

d Halten Sie den Kurzvortrag. Ein Gruppenmitglied notiert Fragen für das anschließende Gespräch, das andere Gruppenmitglied beobachtet und macht sich Notizen zu Inhalt und Aufbau des Vortrags.

Vortrag:	☺	☺	☹
Alle zentralen Begriffe des Vortrags werden erläutert.			
Es werden Pro- und Contra-Argumente genannt.			
Es wird über Ursache, Wirkung bzw. Folgen gesprochen.			
Die gegenwärtige Situation wird beschrieben.			
Die eigene Meinung wird begründet dargelegt.			

e Spielen Sie anschließend das Prüfungsgespräch. Die / der Beobachtende notiert, wie sich die / der Vortragende verhält:

Gespräch:	☺	☺	☹
Die / der Vortragende vertritt überzeugend die eigene Position.			
Sie / er ergreift die Initiative.			
Sie / er geht auf Kommentare und Fragen ein.			
Sie / er reagiert spontan und angemessen auf Argumente.			
Sie / er spricht flüssig, laut und deutlich.			

f Werten Sie dann aus: Was ist gut, was ist nicht so gut gelungen? Tauschen Sie dann die Rollen.

Training Schriftliche Kommunikation

▶ Textaufbau und Überleitungen

1 Um welches Thema geht es?

a Eine komplette Prüfungsaufgabe könnte so aussehen. Markieren Sie das Thema.

Schreiben Sie einen zusammenhängenden Text zum Thema „Nach der Schule ein Freiwilliges Soziales Jahr?"

Bearbeiten Sie in Ihrem Text die folgenden drei Punkte:
- Arbeiten Sie wichtige Aussagen aus dem Text heraus.
- Werten Sie die Grafik anhand wichtiger Daten aus.
- Nehmen Sie in einer ausgearbeiteten Argumentation ausführlich zum Thema Stellung.

Sie haben insgesamt 120 Minuten Zeit.

Chance und Herausforderung: Das Freiwillige Soziale Jahr
von Hanna Behrends

Nach der Schule haben viele junge Leute erst mal keine Lust mehr, weiter aus Büchern zu lernen. Sie brauchen eine Pause, bevor sie eine Ausbildung oder ein Studium beginnen. Diese Pause wollen sie aber auch sinnvoll verbringen. Manche entschließen sich deshalb für ein Freiwilliges Soziales Jahr (FSJ).

Das FSJ in seiner heutigen Form gibt es seit 1964. Für sechs bis achtzehn Monate verpflichten sich Jugendliche, praktische Hilfstätigkeiten in einer Einrichtung im sozialen, politischen, kulturellen oder ökologischen Bereich auszuüben. Ein FSJ-ler kann beispielsweise im Krankenhaus oder Seniorenheim, in der Ganztagsschule, im Museum oder Sportverein tätig werden, die Einsatzmöglichkeiten sind vielfältig – sogar im Ausland kann man ein FSJ absolvieren.

Unter fachmännischer Anleitung sind die Jugendlichen in der Regel Vollzeit, d.h. bis zu 39 Stunden die Woche an ihrer Einsatzstelle tätig. Dafür erhalten sie ein Taschengeld, die Sozialversicherungsbeiträge werden vom Träger bzw. von der Einsatzstelle gezahlt und auch Unterkunft, Verpflegung und Arbeitskleidung werden meistens zur Verfügung gestellt. Und wer das FSJ im Ausland absolviert, wird bei den Reiskosten unterstützt.

Geld ist aber definitiv nicht der Grund, warum sich Jugendliche zu einem FSJ entschließen. Vielmehr nehmen sie das FJS als Chance wahr, Berufsfelder kennenzulernen und ihre persönliche Eignung dafür zu prüfen. Sie begegnen neuen Menschen in neuen Situationen, sind oft zum ersten Mal in einem beruflichen Umfeld tätig und können dadurch praktische Kompetenzen erwerben und sich auch persönlich entwickeln.

„Es macht Spaß, ist eine interessante Lebenserfahrung und man trägt das erste Mal in seinem Leben auch für etwas Verantwortung", sagt Peter, der bei einem Umweltprojekt in Chile mitgemacht hat. Diese positive Einschätzung wird von den meisten FSJ-lern geteilt. „Das FSJ ist eine Chance, etwas für sich und andere zu tun."

Quelle: Konstanzer Blatt, Mai 2015 (zu Prüfungszwecken bearbeitet)

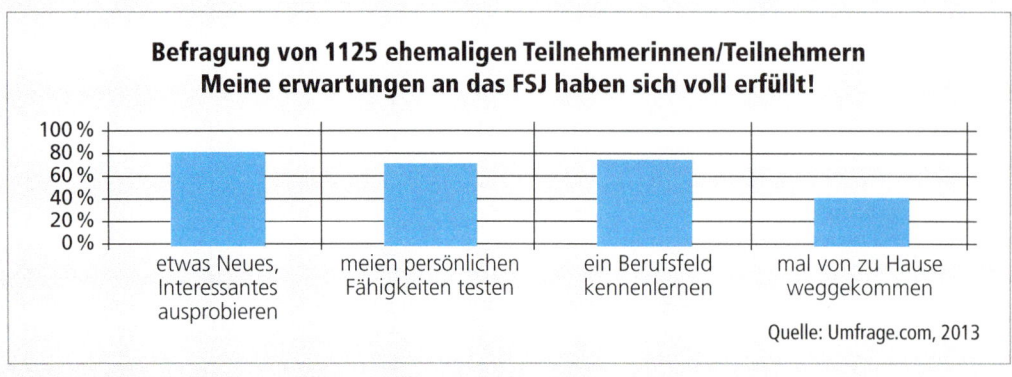

Befragung von 1125 ehemaligen Teilnehmerinnen/Teilnehmern
Meine erwartungen an das FSJ haben sich voll erfüllt!

- etwas Neues, Interessantes ausprobieren
- meien persönlichen Fähigkeiten testen
- ein Berufsfeld kennenlernen
- mal von zu Hause weggekommen

Quelle: Umfrage.com, 2013

b Was ist ein FSJ? Gibt es etwas Vergleichbares in Ihrem Land?

2 Einen Text aufbauen

a Lesen Sie die Textauszüge. In welcher Reihenfolge würden Sie diese zusammenfügen?

S

Sehr interessant zu diesem Thema ist auch der Blick auf die vorliegende Grafik mit dem Titel „...".

B

Nach Abschluss der Schule fragen sich viele junge Menschen: Was tun? Sofort ein Studium beginnen oder lieber einen Beruf lernen oder doch lieber für eine Zeit ins Ausland gehen?

A

Eine sehr sinnvolle Möglichkeit, wie man ein Jahr nach der Schule verbringen kann, nennt ... in ihrem Text „...", den sie im Jahr ... veröffentlicht hat.

T

Man kann der Grafik ganz deutlich entnehmen, dass der wichtigste Aspekt für die meisten Befragten „etwas Neues / Interessantes ausprobieren" war. Für 80 % hat sich diese Hoffnung erfüllt. Sieht man sich dagegen den Wunsch „mal von zu Hause weggekommen" an, dann scheint das deutlich weniger wichtig gewesen zu sein. Trotzdem wollten noch 40 % der FSJ-ler ihr Jahr anscheinend weiter weg von ihrer Heimatstadt oder vielleicht sogar ihrem Heimatland verbringen. Der Text erwähnt die Möglichkeit, das FSJ auch im Ausland zu machen. Der Grafik kann man keine Informationen dazu entnehmen, ob die Befragten tatsächlich im Ausland waren. Fast gleich ...

E

Nachdem ich nun einige Fakten zum Thema aus dem Text und der Grafik aufgeführt habe, möchte ich genauer auf die Frage eingehen, welche Vor- und Nachteile ich selbst sehe.

U

Sie berichtet, dass Jugendliche schon seit 1964 ein FSJ absolvieren können, wenn sie nach der Schule noch nicht gleich an die Berufsschule oder an die Universität gehen wollen. Sie entscheiden sich für eine Einrichtung in einem politischen, kulturellen, sozialen oder ökologischen Bereich und ...

I

Ein Grund, der meiner Meinung nach für das FSJ spricht ist, dass ... Natürlich sollte man auch das Argument ... berücksichtigen. Dafür spricht auch die Information ... in der Grafik ... Aber noch viel wichtiger finde ich ..., denn ... Das Argument ..., das die Autorin anführt, halte ich nur für teilweise richtig. Einerseits ... andererseits ... Ein Nachteil, den man in diesem Zusammenhang nennen muss, ist ...

N

Meine Meinung zu diesem Thema ist beeinflusst von den überwiegend positiven Aspekten, die ein FSJ hat. ...

E

Um abschließend noch einmal die Frage vom Anfang aufzugreifen „Was tun nach der Schule?" Für mich ist die Antwort ganz klar: Wenn ich die Chance hätte, ein FSJ zu machen, würde ich das sofort tun. Leider gibt es in meinem Land diese Möglichkeit nicht.

b Tragen Sie die Buchstaben neben den Auszügen hier ein. Wie heißt das Lösungswort?

„T E X T ___ ___ ___ ___ ___ ___ ___"

c Wie heißen die „Bausteine" in a? Ordnen Sie zu.

Bausteine Ihrer Erörterung

Überleitung zur Textwiedergabe | Einleitung | Wiedergabe wesentlicher Grafikinformationen | Überleitung zur Stellungnahme | persönliche Stellungnahme (Pro – Contra – Diskussion) | Überleitung zur Grafikauswertung | (eigene Meinung) | ~~Schluss~~ | Textwiedergabe

Baustein	Textaufbau
B	
A	
U	
S	
T	
E	
I	
N	
E	9. Schluss

Tipp

Ihr Text sollte alle diese „Bausteine" beinhalten. Die meisten Bausteine haben einen festen Platz im Text. Ob Sie zuerst den Text zusammenfassen oder zuerst die Grafik auswerten, bleibt Ihnen überlassen. Wichtig ist, dass sie durch eine entsprechende Überleitung deutlich machen, worüber sie gerade schreiben. Die Bestandteile Ihres Textes sollten sich logisch aufeinander beziehen. Vermeiden Sie aufzählende Formulierungen wie „Als erstes fasse ich den Text zusammen.", „Jetzt gebe ich wichtige Werte aus der Grafik wieder und nenne dann eigene Argumente."

3 Die eigene Meinung

a Überlegen Sie: Warum steht der Baustein eigene Meinung oben in Klammern?

- ☐ Meine Meinung sage ich immer erst zum Schluss
- ☐ Meine Meinung ist nicht wichtig.
- ☐ Meine Meinung kann ich an verschiedenen Stellen in meinem Text äußern.
- ☐ …

Info

In Ihrem Text muss deutlich werden, welche Meinung Sie persönlich vertreten. Ihre Meinung können Sie in einem eigenen Baustein im Text ausdrücken und begründen. Sie können Ihre eigene Meinung aber auch in andere Bausteine integrieren – dann müssen Sie das durch Redemittel deutlich kennzeichnen. In Ihrem Schluss können Sie auch noch einmal Ihre Meinung ausdrücken, aber Sie müssen es nicht, wenn Sie dies schon deutlich in anderen Teilen getan haben.

b Welche Satzteile gehören zusammen? Ordnen Sie zu und schreiben Sie die Sätze richtig ab.

1	Auf diesen positiven / negativen Aspekt hat die Autorin des …	A	meine Meinung, denn …
2	Das Argument, das die Autorin im …	B	die dafür / dagegen sprechen. Ich persönlich habe aber eine ganz andere Erfahrung mit … und bin deshalb für / gegen …
3	Die Daten der Grafik stützen …	C	Textes bereits hingewiesen. Ich sehe das genauso, denn …
4	Das sind alles Argumente, …	D	gutes Argument dafür, denn es trifft nur zum Teil zu.
5	Ich finde, das ist kein …	E	Text nennt, kann ich nicht nachvollziehen. Aus meiner Sicht …

4 Die Einleitung

a Welche Möglichkeiten können Sie nutzen, um eine Einleitung zu formulieren?

1. ein Erlebnis schildern, das Bezug zum Thema hat
2. Bezug zu einer aktuellen Nachricht nehmen
3. ein Zitat zum Thema aufschreiben
4. eine rhetorische Frage stellen
5. die eigene Meinung zum Thema sagen
6. eine allgemeine Feststellung zum Thema machen

b Welche Stilmittel nutzt diese Einleitung?

> *Oft sagen ältere Leute, die Jugendlichen von heute interessieren sich nur für sich. Sie würden sich wundern, denn manche jungen Leute arbeiten ganz freiwillig und nur für ein Taschengeld in Krankenhäusern oder Seniorenheimen. Ist das auch egoistisch?*

Tipp

Die Einleitung Ihres Textes hat die Funktion, das Thema vorzustellen und neugierig auf Ihren Text zu machen. Nehmen Sie keine Argumente Ihrer Erörterung vorweg. Auch die eigene Meinung wird eher nicht in der Einleitung genannt.

c Formulieren Sie verschiedene Einleitungen zum Thema „Nach der Schule ein Freiwilliges Soziales Jahr absolvieren?"

5 Die Bausteine zu einem Text verknüpfen

Lesen Sie die Redemittel für Überleitungen. Mit welcher kann man zu welchem Textteil überleiten?

Textwiedergabe _____

Grafikauswertung _____

persönliche Stellungnahme (Erörterung des Themas) _____

1 Ergänzend zum Text liegt eine Grafik vor, die dessen Aussagen unterstützt. Sie …

2 Wichtige Informationen zu diesem Thema liefert der Text von …, der den Titel … trägt und im Jahr … veröffentlicht wurde.

3 Beide, sowohl Text als auch Grafik, zeichnen ein sehr positives / negatives Bild von … Gibt es aber auch Argumente, die dagegen / dafür sprechen?

4 Nun kann man wieder die Frage aufgreifen, was für oder gegen … spricht. Dazu fallen mir folgende Argumente ein: Ein Vorteil …

5 Denkanstöße zu diesem Thema liefert der Text, der …

6 Wichtige Informationen zu diesem Thema kann man der vorliegenden Grafik entnehmen, die …

6 Ein guter Schluss

a Sehen Sie sich den Tipp an und ergänzen Sie die Wörter.

Einleitung | Text | Meinung | Schluss

Tipp

Hören Sie nicht einfach auf zu schreiben, zu einem guten (1) _____ gehört auch ein guter (2) _____. Sie können z.B. noch einmal Bezug auf die (3) _____ nehmen oder Ihre (4) _____ explizit wiederholen.

b Wie ist der Schluss (Baustein E) auf S. 83 gestaltet? Fassen Sie in eigenen Worten zusammen.

c Wie würden Sie einen Schluss zum Thema formulieren?

Training Leseverstehen

▶ Das Leseverstehen 3 wiederholen

1 Wissen Sie es noch, was Sie im dritten Teil des Leseverstehens machen sollen? Der folgende Satz verrät es Ihnen, wenn Sie ihn korrekt zusammensetzen. ▶ Kapitel 3

sollen | Sie | schließen, | fünf Lücken eines Textes | Im Prüfungsteil Leseverstehen 3 | wofür | haben. | zur Auswahl | Sie | sieben Sätze

_____

_____

2 Die Aufgabe lösen

a Überfliegen Sie zunächst den Text unten. Welches Thema hat der Text?

_____

b Lesen Sie nun den ersten Abschnitt. Markieren Sie wichtige Stellen vor und nach der Lücke.

c Lesen Sie jetzt nacheinander die Sätze in der Satzliste. Unterstreichen Sie beim Lesen Signalwörter. Wenn Sie glauben, der Satz könnte in die Lücke passen, dann tragen Sie den Buchstaben des Satzes ein.

d Lesen Sie nun den restlichen Text und suchen Sie die passenden Sätze aus der Liste heraus. Zwei Sätze bleiben übrig.

Z	Aber ist es wirklich so gut bestellt um die Integration der zweiten Generation der Vertragsarbeiter aus Fernost?
A	Das sind Fächer, deren Absolventen in Vietnam gebraucht werden.
B	Die Biografie dieser Kinder beweist, was Bildungsehrgeiz vermag.
C	Aber das haben die Eltern nicht akzeptiert.
D	Ohne solche Angebote wird man eines Tages feststellen müssen, dass die jungen Vietnamesen, die einmal die Leistungsträger in den Schulen waren, ausgewandert sind.
E	Das wollen viele ehemalige Vertragsarbeiter – und das hat mit der schlechten hiesigen Willkommenskultur zu tun.
F	Denn der deutsche Staat hat ihnen gerade am Anfang nie wirklich das Gefühl vermittelt, willkommen zu sein.
G	Sie sollen helfen, das boomende Land voranzubringen.
H	Diese Studienfächer sind in der Bundesrepublik attraktiv.

Exodus der Musterschüler

Die Kinder vietnamesischer Vertragsarbeiter[1] gelten als Vorbilder der Integration. Doch viele von ihnen wandern aus.

Sie machen häufig Abitur und gehören zu den Klassenbesten. Ihre Eltern haben meist nur eine einfache Ausbildung, oft Sprachprobleme und stehen 14 Stunden im Gemüseladen. Doch gelten die Kinder der vietnamesischen Einwanderer als Musterschüler der Integration. _____ Z _____

1 Vertragsarbeiter: Als Vertragsarbeiter wurden Arbeitnehmer/innen und Auszubildende bezeichnet, die ab den 60er-Jahren für die Arbeit in der DDR angeworben wurden. Sie sollten 2-6 Jahre bleiben und dann mit der erworbenen Qualifikation in ihre Heimatländer zurückkehren. Die meisten der Vertragsarbeiter kamen aus Vietman, aber auch aus Mosambik, Angola und Kuba. Nach der Wende konnten einige von ihnen im wiedervereinigten Deutschland bleiben.

Könnte es nicht sein, dass der Bildungshunger ihrer hier geborenen Kinder einen ganz anderen Grund hat als die dauerhafte Integration in die bundesrepublikanische Gesellschaft?

Die ältesten Vertreter der im vereinten Deutschland geborenen zweiten Generation sind heute meist erst 20 Jahre alt. Doch es gibt Indizien, dass viele vietnamesische Jugendliche ihre Zukunft nicht etwa hier, sondern in der boomenden vietnamesischen Wirtschaft sehen. Ein Beispiel sei die Studienplatzwahl, so Dietrich Lederer, Geschäftsführer des Kulturvereins im Berliner Bezirk Lichtenberg. Ihm falle schon lange auf, dass sich die zweite Generation auf ganz bestimmte Studiengänge konzentriere – nämlich Wirtschaft, Medizin, Pharmazie, Informatik und Ingenieurberufe. (1) _____ Die Bundesrepublik sucht dagegen dringend Lehrer, Sozialarbeiter und Polizisten mit Migrationshintergrund. Doch unter vietnamesischen Schülern finden sich keine Bewerber.

Hien Nguyen studiert im dritten Semester Betriebswirtschaft. Ihr Wunschfach war das nicht: „Ich wollte Psychologin werden." (2) _____ Mit dem Hochschulabschluss „Betriebswirtin" soll sie sich in Vietnam einen Job suchen und heiraten. Später soll sie ihre Eltern nachholen, die in Deutschland einen Laden betreiben. „Sie haben einfach den Wunsch", sagt die Studentin, „ihr Alter in Vietnam zu verbringen." (3) _____ Die Folge: Die erste Generation sah Deutschland als Land an, in dem man vorübergehend Geld verdiente, nicht als Heimat. Von ihren Einkommen bauten sich die Migranten in Vietnam Häuser, für ihre Eltern und „die Zeit danach". Diese Einstellung geben viele an ihre Kinder weiter, manche von diesen übernehmen sie widerspruchslos.

Die Regierung in Hanoi wirbt übrigens ganz offen für die Rückkehr qualifizierter vietnamesischer Auswanderer und ihrer Kinder. (4) _____ Der Staat Vietnam investiert z. B. Geld in einen Fernsehkanal, der eigens für die 3,5 Millionen Auslandsvietnamesen konzipiert ist oder unterstützt zwecks Stärkung der Heimatbindung vietnamesische Vereine in Deutschland.

Vietnam, auf dem Weg vom Entwicklungs- zum Schwellenland, hat jedes Recht der Welt, im Ausland um die besten Köpfe zu werben – insbesondere um Menschen mit vietnamesischen Wurzeln. Problematisch wird das nur, wenn der Bundesrepublik, in der viel über Fachkräftemangel geklagt wird, die „Musterschüler der Integration" keine besonderen Bemühungen wert sind.

In Berlin-Lichtenberg gab es einmal ein Projekt für vietnamesische Grundschüler. Sozialpädagogen trafen sich mit ihnen jeden Samstag und in den Ferien und erkundeten ihre alltägliche Umgebung, gaben ihnen das Gefühl, ein Teil des Bezirks zu sein. Man besuchte gemeinsam den Tierpark und feierte Fasching, während die Eltern arbeiteten. Vor wenigen Monaten wurde das Projekt eingestellt – die Kinder waren dem Grundschulalter entwachsen (5) _____

Das wäre ein großer Verlust für Deutschland.

e Vergleichen Sie Ihre Ergebnisse im Plenum. Vergleichen Sie auch, warum Sie sich für Ihre Lösung entschieden haben. Wenn Ihre Lösung falsch ist, überlegen Sie warum.

Mögliche Fehlerquellen:
- Wortschatzfehler
- Synonym nicht erkannt
- Pronomen übersehen
- Satzbeziehungen nicht verstanden (kausal, konsekutiv usw.)
- ganzen Satz nicht verstanden
- …

Wortschatztraining

1 Verben der Bewegung

a Welche Verben drücken eine Bewegung aus? Notieren Sie in einer Minute so viele Verben wie möglich.

b Welche Präfixe passen zum Verb -*wandern*? Schlagen Sie die Bedeutung im Wörterbuch nach.

ein- | aus- | ab- | mit- | vor- | weg- | zu- | zurück- | vorbei- | nach-

wandern

c Welche Präfixe passen zu Ihren Bewegungsverben aus 1a? Ändert sich die Bedeutung durch das Präfix?

d Lesen Sie die Sätze. Welche Bedeutung hat das Wort „(-)wandern"? Wählen Sie eine synonymische Bedeutung für das Wort „(-)wandern" aus.

verlassen | fliegen | ziehen | sind in den Bergen gelaufen | den Ort wechseln | sind gekommen

A Die Nomaden aus der Mongolei wandern mit ihren Viehherden.

_____

B Wir sind gestern gewandert. Die Wanderung war ganz schön anstrengend.

_____

C Die Zugvögel wandern über die kalte Jahreszeit in wärmere Regionen.

_____

D Manche Leute wandern wegen verschiedenen Problemen aus ihrem Heimatland aus.

_____

E Die Gnus in Afrika wandern in einem bestimmten Jahresrhythmus durch die Serengeti.

_____

F Nach den 50-er Jahren sind verschiedene Gruppen von Ausländern nach Deutschland eingewandert.

_____

e Kreuzen Sie an: In welchen Sätzen tragen die Verben nicht die Bedeutung einer Bewegung in sich? Erklären Sie die Bedeutung dieser Verben in einem Satz.

☐ 1. Wie läuft es denn mit deiner Arbeit?

☐ 2. Hat dir der Film gefallen?

☐ 3. Geht es deinem Kollegen wieder besser?

☐ 4. Wohin fließt die Donau?

☐ 5. Die neuen Nachbarn sind heute eingezogen.

☐ 6. Peter läuft am Wochenende einen Marathon.

☐ 7. Ziehst du dich bitte noch einmal um?

☐ 8. Der Film hat mich sehr bewegt.

☐ 9. Paula ist gestern auf der Straße hingefallen.

☐ 10. Mach bitte das Fenster zu, es zieht!

> **Tipp**
>
> Durch das Voransetzen einer Vorsilbe wird die Bedeutung des Basisverbs verändert. Aber Achtung: Manchmal kann sich die Grundbedeutung des Basisverbs und damit auch das semantische Feld ändern (z. B. hören ≠ aufhören). Wenn Sie nicht sicher sind, sollten Sie die Bedeutung solcher Verben immer mit dem Wörterbuch überprüfen.

Training Hörverstehen

▶ Das Hörverstehen 1 wiederholen ▶ Kapitel 4

1 Kreuzen Sie an: Was müssen Sie beim Hörverstehen Teil 1 beachten?

1. Ich höre ein Interview.	☐ Ja	☐ Nein
2. Ich höre das Interview zweimal.	☐ Ja	☐ Nein
3. Insgesamt gibt es 8 Aufgaben.	☐ Ja	☐ Nein
4. Ich muss die richtige von drei Antworten ankreuzen.	☐ Ja	☐ Nein

2 Ein Schuljahr in den USA

20–22

Sie hören nun den Erfahrungsbericht des ehemaligen Austauschschülers Jochen Schmidt. Kreuzen Sie während des Hörens die richtige Antwort an.

1. Herr Schmidt rät anderen, erst nach der elften Klasse ein Schuljahr in den USA zu absolvieren, weil man

A ☐ dort als Senior besser angesehen ist.
B ☐ mit 18 Jahren mehr Rechte hat.
C ☐ dann keine Angst hat, ein Jahr zu verlieren.

2. Er wollte ein Jahr in den USA verbringen, um

A ☐ seinem Interesse für Fremdsprachen nachzugehen.
B ☐ amerikanische Sprachstudien zu betreiben.
C ☐ eine neue Kultur kennenzulernen.

3. Vor seiner Bewerbung

A ☐ informierte er sich über die zuständigen Organisationen.
B ☐ verschickte er viele Bewerbungsschreiben.
C ☐ bereitete er sich auf das Bewerbungsgespräch vor.

4. Die Vorbereitung auf die Reise

A ☐ war rein theoretisch.
B ☐ wurde durch die Organisation unterstützt.
C ☐ traf er alleine.

5. In den USA

A ☐ hatte er am Anfang Sehnsucht nach seiner Familie.
B ☐ kam es in seiner neuen Familie oft zu Konflikten.
C ☐ hatte er eine wenig liberale Familie.

6. In der amerikanischen Schule

A ☐ waren Austauschschüler wie er keine Seltenheit.
B ☐ überwand er mit der Zeit einige Probleme.
C ☐ müssen die Schüler sehr schnell lesen.

7. Er findet, dass

A ☐ die amerikanischen Lehrer und Schüler mehr Enthusiasmus haben.
B ☐ das amerikanische Schulsystem einwandfrei ist.
C ☐ die Amerikaner gründlicher ausgebildet sind als die Deutschen.

8. Nach dem Aufenthalt in den USA

A ☐ konnte er seine Freunde nicht wiedererkennen.
B ☐ war er selbstbewusster und kritischer geworden.
C ☐ kam er in Deutschland problemlos zurecht.

Portfolio 7: Arbeit mit Texten

Wenn Sie für Ihre Projektarbeit Texte gefunden haben, dann sollten Sie diese in drei Schritten bearbeiten.

1 Texte lesen und markieren

a Welche Tipps zum Markieren sind sinnvoll, welche nicht? Diskutieren Sie in der Klasse.

| 1. Texte lesen und markieren |
| ↓ |
| 2. wichtige Sachen exzerpieren |
| ↓ |
| 3. zusammenfassen |

☐ Text lesen und sofort Wörter markieren
☐ Text zuerst ganz lesen, dann markieren
☐ Schlüsselwörter markieren
☐ ganze Sätze markieren
☐ bei allen Texten gleich markieren
☐ viele Farben verwenden
☐ wenige Farben, nicht zuviel markieren
☐ Notizen am Rand machen
☐ Symbole verwenden

b Wählen Sie jetzt einen Text aus den Materialien, die Sie für Ihr Thema gesammelt haben. Markieren Sie ihn nach den oben genannten Tipps. Setzen Sie sich in 3er Gruppen zusammen und erklären sich gegenseitig Ihre Markierungen.

2 Exzerpieren

Der Schüttelsatz beschreibt, was man beim Exzerpieren tut. Bringen Sie die Wörter in die richtige Reihenfolge und ergänzen Sie den Satz im Tipp unten.

wichtige Textelemente | schreibt man | wörtlich oder sprachlich leicht abgewandelt | aus einem Text heraus | Beim Exzerpieren

Tipp

_____

Diese Technik hilft Ihnen z.B., wenn Sie den Inhalt eines Aufsatzes referieren, die Meinung eines Autors angeben oder wenn Ihnen Dokumente zur Verfügung stehen, die Sie weder kopieren noch markieren können.

3 Zusammenfassung und Auswertung eines Textes

Lesen Sie die Erläuterungen zu den Arbeitsschritten in der rechten Spalte und ordnen Sie diese den Schritten zu.

1	Den Text ein erstes Mal überfliegen	A	Ich folge dem Aufbau des Textes und stelle mithilfe meiner Fragen an den Text einen strukturierten und logischen Zusammenhang her.
2	Die Relevanz für das eigene Thema prüfen	B	Ich fasse in eigenen Worten die Informationen des Textes zusammen. Wörtliche Zitate werden gekennzeichnet.
3	Am Text arbeiten	C	Ich verschaffe mir einen Überblick, achte auf Titel, Zwischenüberschriften etc.
4	Die Zusammenfassung gliedern	D	Ich stelle fest, inwieweit der Text meine Fragen beantwortet hat, ob er neue Aspekte bringt und bewerte die Aussagen.
5	Eine Textzusammenfassung schreiben	E	Ich lese den Text, füge Randbemerkungen an und markiere Schlüsselwörter und -sätze, die sich auf meine Fragen beziehen.
6	Ein Resümee ziehen	F	Ich formuliere Fragen an den Text, die sich auf mein Thema konzentrieren.

Lösung: _1C,_____

Selbstevaluation

Ich habe gemacht ...		Ich bin zufrieden ...		
	✓	☺	😐	☹
Wortschatz				
Mündliche Kommunikation				
Schriftliche Kommunikation				
Leseverstehen				
Hörverstehen				
Projekt				

Meine Wortliste zum Thema „Mobilität":

Sehen Sie sich noch einmal das Kapitel an und notieren Sie hier wichtige Wörter. Ergänzen Sie dann Ihre Notizen um Wörter, die Sie außerdem brauchen.

_____
_____
_____
_____
_____
_____
_____
_____

_____
_____
_____
_____
_____
_____
_____
_____

_____
_____
_____
_____
_____
_____
_____
_____

_____
_____
_____
_____
_____
_____
_____

Wichtige Redemittel

_____
_____
_____
_____
_____
_____
_____

Meine Lieblingswörter

_____
_____
_____
_____
_____
_____
_____

8 Globalisierung

Wortschatztraining

1 Lesen Sie den Text und zeichnen Sie den Weg der Jeans in die Weltkarte ein.
Wie zeigt sich das Phänomen „Globalisierung" an diesem Beispiel?

Der Weg einer Jeans

Die Baumwolle kommt aus Kasachstan oder Indien. Diese wird in der Türkei zu Garn gesponnen und in Taiwan zu einem Stoff gewebt. In Frankreich wird dieser Stoff mit chinesischen Farbstoffen gefärbt, um dann in Honduras, unter Verwendung britischer Kurzwaren, zu einer Jeans genäht zu werden. Die Endverarbeitung der Jeans findet in Griechenland statt. Verkauft und getragen wird sie in Deutschland. Die gebrauchte Jeans landet im Altkleidercontainer und wandert von dort nach Rotterdam. Mit Schiff und LKW wird sie nach Afrika gebracht. Noch einmal verkauft und getragen wird sie in Ghana. Und so kann der Weg einer Jeans um die Welt heute tatsächlich 19 000 km betragen.

2 Ergänzen Sie die Mindmap. Vergleichen Sie Ihre Ergänzungen anschließend im Kurs.

Training Hörverstehen

▶ Das Hörverstehen 1 trainieren ▶ Kapitel 4, 7

1 Essen muss uns teuer sein

23 – 25

a Hören Sie das Interview. Wählen Sie beim Hören die richtige Ergänzung und kreuzen Sie diese an.

Tipp

Wenn Sie eine Information überhört haben, überlegen Sie nicht lange. Richten Sie Ihre Aufmerksamkeit auf die nächste Aufgabe.

1. Im Buch von Trummer geht es um

   A ☐ Korruption in der Lebensmittelbranche.
   B ☐ die Produktion von Lebensmitteln.
   C ☐ eine weltweit bekannte Pizzamarke.

2. Fertigprodukte

   A ☐ können zu Übergewicht führen.
   B ☐ enthalten die nötigen Grundzutaten.
   C ☐ sind empfehlenswert.

3. Viele Menschen essen Fertignahrung, weil

   A ☐ sie frisches Obst und Gemüse nicht mögen.
   B ☐ Fertigprodukte billig sind.
   C ☐ die Politik deren Herstellung fördert.

4. Der Preisdruck in der Lebensmittelbranche bewirkt, dass

   A ☐ die Menschen immer mehr Lebensmittel einkaufen.
   B ☐ die Supermärkte den Herstellern ihre Waren zurückgeben.
   C ☐ die Lebensmittelhersteller immer billiger produzieren müssen.

5. Die Kunden sollten … kaufen.

   A ☐ möglichst billig
   B ☐ optimale Qualität
   C ☐ bewusst und klug

6. Eine Pizzafabrik

   A ☐ ist einer Autofabrik ähnlich.
   B ☐ unterscheidet sich wesentlich von einer Autofabrik.
   C ☐ benötigt eine Menge Arbeiter.

7. Niedrige Preise bei Obst und Gemüse

   A ☐ sind oft eine Konsequenz der Ausbeutung der Erntehelfer.
   B ☐ führten zu einem Aufstand der Erntehelfer.
   C ☐ schrecken die Konkurrenz ab.

8. In den Wohlstandsländern

   A ☐ isst man zu wenig Kartoffeln.
   B ☐ sollte man das Essen mehr achten.
   C ☐ sammeln Leute zehn Prozent ihres Essens für Arme.

b Überprüfen Sie nun Ihre Lösungen. Welche Tipps können Sie sich gegenseitig für die Lösungsfindung geben?

Training Leseverstehen

▶ Das Leseverstehen 4 wiederholen

1 Kreuzen Sie an. Was müssen Sie in der vierten Aufgabe des Leseverstehens tun? ▶ Kapitel 4

1. Beim Leseverstehen Teil 4 sollen Sie

   A ☐ einen Text lesen und diesen dann zusammenfassen.
   B ☐ Textlücken schließen und eine Textzusammenfassung schreiben.
   C ☐ Aussagen oder Antworten zu einem Text auf Richtigkeit prüfen.

2. Was müssen Sie zuerst machen, um die Aufgaben zu lösen?

   A ☐ gezielt nach der Textstelle suchen, die zur Antwort führt
   B ☐ alle Aufgaben gründlich lesen
   C ☐ den Text einmal gründlich durchlesen und dann die Aufgaben lösen

3. Wie heißen die Wörter, die Ihnen helfen, die passende Textstelle zu finden und die richtige Entscheidung zu treffen?

   A ☐ Stichwörter
   B ☐ Schlagwörter
   C ☐ Signalwörter

4. Die Aufgaben …

   A ☐ werden immer schwieriger.
   B ☐ folgen dem Textverlauf.
   C ☐ folgen nicht dem Text.

5. Wie viele Aufgaben müssen Sie lösen?

   A ☐ 10
   B ☐ 7
   C ☐ 5

2 Den Text überfliegen und Vorwissen aktivieren

Überfliegen Sie den Text unten. Erklären Sie sich gegenseitig kurz, worum es im Text geht.

Ein Kleidungsstück als Hauptdarsteller

Wolfgang Korn: „Die Weltreise einer Fleece-Weste", Verlag Bloomsbury 2008, 168 Seiten; Rezensiert von Sylvia Schwab

Das Lieblingskleidungsstück von Wolfgang Korn soll Kindern und Jugendlichen die Globalisierung erklären: Wolfgang Korn beschreibt in „Die Weltreise einer Fleeceweste" jeden Schritt des Herstellungs- und Transportprozesses. So ist ein spannendes Sachbuch gelungen, das Information und Fantasie, Fakten und Fiktion geschickt miteinander verbindet. Es ist keine klassische Reportage, sondern eine „kleine Geschichte über die große Globalisierung".

Wolfgang Korns Ziel ist es, Jugendlichen die Globalisierung so anschaulich wie möglich zu erklären. Zum Hauptdarsteller macht er darum ein typisches Produkt der Globalisierung: ein Kleidungsstück – seine eigene, geliebte rote Fleece-Weste.

In zehn Kapiteln erzählt er ihr „Leben", von der „Geburt" – der Förderung des Rohöls im Persischen Golf –, über ihre Herstellung in Bangladesch und ihre Vermarktung und Entsorgung in Deutschland bis hin zu ihrem Wiederauftauchen im Senegal – aus einer Kleiderspende.

Am ganz konkreten Beispiel zeigt Wolfgang Korn, wie Globalisierung funktioniert: als weltweiter Austausch von Geld, Waren, Informationen und auch Menschen. Diese Informationsflut überfordert den Leser aber nicht, denn Korn erklärt nicht trocken, vielmehr erzählt er sehr lebendig und farbig von den jeweiligen Lebensbedingungen vor Ort.

Wir begleiten den Sohn des reichen Ölhändlers in Dubai zum Eishockey-Training, beobachten die bitterarme Näherin in Bangladesch bei der Arbeit, schippern auf einem Öltanker und einem Containerschiff über die

Meere, erleben den kargen Alltag der Marktfrau in Afrika und die dramatische Flucht eines Senegalesen in einem Boot auf die Kanarischen Inseln. Diese Geschichten in der Geschichte sind ebenso authentisch wie bewegend.

Wolfgang Korn will nicht belehren, sondern informieren. Er verurteilt die Globalisierung nicht, sondern entmythologisiert sie und zeigt sehr differenziert ihre Auswirkungen auf. Gerade diese sachlich-neutrale Haltung überzeugt und macht nachdenklich. Denn es wird klar, dass die Chancen auf der Erde sehr ungleich verteilt sind und Globalisierung auch bedeutet, dass wir Mitverantwortung übernehmen müssen – für alle Menschen und ihre Lebensbedingungen.

3 Die Aufgaben lösen

a Lesen Sie die Checkliste und folgen Sie beim Lösen der Aufgabe 1 und 2 den Arbeitsschritten.

Checkliste
1. Lesen Sie die Aufgaben 1 und 2.
2. Unterstreichen Sie Signalwörter und prüfen Sie: Worin unterscheiden sich jeweils die Antworten A, B und C?
3. Suchen Sie dann im Text, wo Sie die Antwort für Aufgabe 1 finden und wo die Antwort für Aufgabe 2 beginnt.
4. Entscheiden Sie sich für eine Antwort: A, B oder C.

1. Wolfgang Korn beschreibt

   A ☐ jeden Schritt, den er mit seiner Lieblingsweste unternommen hat.
   B ☐ alles, was mit der Weste passiert ist, nachdem er sie weggegeben hat.
   C ☐ alle Stationen, die die Weste von der Produktion an durchlaufen hat.

2. Der Autor möchte erreichen, dass

   A ☐ die Jugendlichen umfassende Kenntnisse über die Globalisierung bekommen.
   B ☐ die jungen Menschen anhand einer Weste verstehen, was Globalisierung bedeutet.
   C ☐ die Jugendlichen anschaulich über die Erlebnisse seiner Lieblingsweste informiert werden.

Tipp

Lesen Sie zwei Aufgaben parallel. Achten Sie auf Signalwörter. Kennzeichnen Sie die entsprechenden Stellen im Text und schreiben Sie die Nummer der Aufgabe an den Rand. Damit erleichtern Sie sich das Lesen und haben eine bessere Orientierung im Text.

b Lösen Sie die Aufgaben 3 und 4 nach dem gleichen Muster.

3. Wie funktioniert Globalisierung für den Autor?

   A ☐ durch den weltweiten Transfer von Produkten, Personen, Nachrichten und Geld
   B ☐ durch den weltweiten Informationsaustausch über die jeweiligen Lebensbedingungen
   C ☐ durch den weltweiten, lebendigen Austausch von Information unter den Menschen

4. Wie sieht Wolfgang Korn die Globalisierung?

   A ☐ Der Autor verurteilt die globalen Entwicklungen.
   B ☐ Er steht der Globalisierung sachlich und neutral gegenüber.
   C ☐ Er erkennt positive Auswirkungen dieser Entwicklung.

c Lesen und lösen Sie jetzt die letzte Aufgabe zum Text.

5. Die Rezensentin beurteilt das Buch

   A ☐ durchweg positiv.
   B ☐ als nicht geeignet für Jugendliche.
   C ☐ als zu kompliziert.

Info

Die letzte Aufgabe prüft Ihr Gesamtverständnis des Textes und bezieht sich nicht konkret auf eine Textstelle.

4 Eigene Aufgaben für das Leseverstehen Teil 4 entwickeln

a Bilden Sie fünf Gruppen. Jede Gruppe erstellt zu einem Abschnitt des Textes eine Multiple-Choice-Aufgabe mit drei Antwortmöglichkeiten A, B und C.

Globalisierung geht durch den Magen

In allen Kulturen und Gesellschaften ist Essen mehr als die biologisch notwendige Aufnahme von Nährstoffen. Es definiert Gruppenzugehörigkeit und Status. Die Auswahl der Nahrungsmittel, die Art ihrer Zubereitung und die Regeln, wie sie verspeist werden, sind Ausdruck kultureller und sozialer Identität. Mahlzeiten spiegeln familiäre und gesellschaftliche Beziehungen sowie Lebensstile wider. 5

Die Änderung von Ernährungsgewohnheiten in vielen Ländern ist nicht nur eine Folge wachsenden Wohlstands, sondern zugleich Ausdruck von kulturellem Wandel und von sozialen Veränderungen. Sowohl Veränderungen der Arbeits- und Lebensbedingungen als auch Innovationen sowie der Austausch mit anderen Völkern und Kulturen haben schon immer dazu geführt, dass sich die Auswahl, die Zubereitung und der Verzehr von Nahrungsmitteln verändert haben. Diese Entwicklungen folgen heute ähnlichen Mustern, aber sie verlaufen heute schneller als früher. 10 15

Schon kleine Veränderungen der individuellen Essgewohnheiten können erhebliche Folgen für die Lebensmittelwirtschaft haben. Ein gutes Beispiel dafür ist Indien.

Noch sind die meisten Inder Vegetarier, der Fleischkonsum liegt landesweit nur bei gut fünf Kilogramm pro Kopf und Jahr. In Deutschland ist er zwölfmal so hoch. Aber wenn der individuelle Konsum nur ein klein wenig steigt, dann sind das bei einer Gesamtbevölkerungszahl von über einer Milliarde am Ende sehr große Mengen. 20

Die Globalisierung macht Nahrungsmittel weltweit verfügbar. So möchten nicht nur internationale Supermarktketten wie Wal Mart, Carrefour und Metro Hunderte Milliarden Euro auf dem indischen Lebensmittelmarkt verdienen, sondern auch einheimische Ketten erhoffen gute Geschäfte und bieten Produkte aus aller Welt an. 25

Davon sind nicht alle begeistert. Die geschätzten 12 bis 15 Millionen Kleinhändler in Indien wollen nicht widerstandslos hinnehmen, dass sie von Supermarktketten aus dem Geschäft gedrängt werden. Auch viele Kunden stößt die neue globalisierte Einkaufs- und Esskultur ab. Sie bevorzugen den Gemüsehändler von nebenan, der sich durch gute Qualität seiner Waren sowie faire, weil verhandelbare Preise und das persönliche Verhältnis zu seiner Kundschaft auszeichnet. 30

600 Millionen Inder haben allerdings gar keine Wahl, sich zwischen globalisierten und heimischen Lebensmittelangeboten zu entscheiden. Sie können sich kaum die staatlich subventionierten Lebensmittel leisten und die Chancen, sich jemals ihr Essen aussuchen zu können, stehen für die meisten von ihnen schlecht. 35

Tipp

Teilen Sie den Text in Abschnitte auf. Suchen Sie sich dann eine Information aus, die Sie bearbeiten möchten. Nutzen Sie bei den Antworten A, B, C synonyme Umschreibungen oder antonymische Formulierungen. Verwenden Sie z.B. ein Wort aus dem Text, aber in einem anderen Zusammenhang. Achten Sie darauf, dass die drei Antwortmöglichkeiten ungefähr gleich lang sind.

b Schreiben Sie alle Aufgaben an die Tafel. Lösen Sie diese dann in Einzelarbeit.

c Besprechen Sie anschließend die Lösungen in der Klasse.

Training Mündliche Kommunikation

▶ Das Kriterium „Inhalt" im Prüfungsgespräch

1 Welche Erfahrungen haben Sie persönlich mit der Globalisierung gemacht?

> Ich trage amerikanische Jeans. Eine ähnliche Jeans hat meine Freundin in Berlin.

> Mein Onkel ist nach dem Studium ausgewandert. Er arbeitet jetzt schon seit 5 Jahren in Irland.

2 Das Bewertungskriterium „Inhalt"

Info

In der mündlichen Prüfung bewerten die Prüfer, wie Sie die Aufgabenstellung umsetzen. Dazu gehört, welches Material Sie zur Veranschaulichung benutzen und wie Sie damit umgehen. Dazu gehört aber auch, welche Inhalte Ihr Vortrag hat.

 a Lesen Sie diese Bewertungskriterien und überlegen Sie: Welche Kriterien gehören zum Sprachniveau C1 und welche zu B2? Welche beiden Kriterien sind sogar unter B2?

Der Schüler trägt ein komplexes Thema gut strukturiert und klar vor.

Der eigene Standpunkt wird ausführlich dargestellt.

Die Komplexität des Themas wird im Vortrag nicht deutlich.

Das Thema wird aus verschiedenen Perspektiven erörtert und in einen komplexen Zusammenhang gestellt.

Der Schüler trägt ein komplexes Thema verständlich vor.

Die Erörterung des Themas wird durch relevante Details und Beispiele gestützt.

Bei der Erörterung fehlen wesentliche Punkte und relevante Details.

b Fassen Sie in eigenen Worten zusammen, was das Niveau C1 vom Niveau B2 unterscheidet.

3 Aspekte der Globalisierung

a Wählen Sie einen Aspekt aus der Tabelle aus. Erläutern Sie, was Sie darunter verstehen. Bereiten Sie einen dreiminütigen Vortrag dazu vor (Stichpunkte). Arbeiten Sie – wenn nötig – mit dem Wörterbuch.

Kommunikation „Vernetzte Welt"	1. Teilnahme an weltweiter Kommunikation 2. Vertiefung internationaler Kontakte und Beziehungen 3. mehr Wissen über die Welt	4. rasche Verbreitung von Informationen 5. Abbau von Vorurteilen 6. Entstehung einer Informationselite 7. Überflutung mit Informationen
Ökonomie „Weltbinnenmarkt"	8. Schaffung neuer Arbeitsplätze im Weltmaßstab 9. Verbilligung der Produktionskosten 10. Konkurrenz auf dem Weltmarkt	11. Verlust von Arbeitsplätzen in Regionen und Branchen 12. Soziale Unsicherheit 13. Umweltzerstörung
Gesellschaft „Die Welt als globales Dorf"	14. Demokratisierung 15. wachsendes Zusammengehörigkeitsgefühl („Eine Welt") 16. globale Handlungsmöglichkeiten gesellschaftlicher Gruppen	17. Verlust von Identität und Heimat 18. neuer Nationalismus als Gegenbewegung 19. starker Einfluss von multinationalen Konzernen auf politische Entscheidungen 20. Unkontrollierbarkeit

b Prüfen Sie bei Ihren Stichpunkten für den Vortrag, ob Sie alle Kriterien für C1 erfüllen.

 c Bilden Sie Kleingruppen (3 Personen) und tragen Sie sich Ihre Kurzvorträge gegenseitig vor. Bewerten Sie den Vortrag mithilfe der Kriterien aus Aufgabe 2.

Globalisierung

Training Schriftliche Kommunikation

▶ Komplexe Satzstrukturen benutzen, Schritt für Schritt schreiben

1 Relativsätze: Ergänzen Sie die Relativpronomen.

1. Die Autorin, _die_ den Text geschrieben hat, heißt Sylvia Schwab.

2. Die Jeans, _____ schon Tausende Kilometer gereist ist, kostet in Deutschland nur 49 Euro.

3. Die Arbeit, _____ von Freunden erledigt wird, bleibt mir erspart.

4. Das Garn, _____ in Taiwan zu Stoff gewebt wird, wurde in Frankreich mit chinesischen Farben gefärbt.

5. Das Buch, _____ man Informationen über Berufe entnehmen kann, hat er ausgeliehen.

6. Die Fleeceweste, _____ Herstellungs- und Transportweg gezeigt wird, hat eine Weltreise hinter sich.

2 Partizipialkonstruktionen

a Lesen Sie die Beispielsätze und ergänzen Sie dann den Merksatz mit den Wörtern aus dem Kasten.

ein Zug, der ankommt = der ankommende Zug
Gewohnheiten, die sich ändern = die sich ändernden Gewohnheiten

Partizip I | umformulieren | Relativpronomen | dekliniert | Aktiv | vor

> **Tipp**
>
> Relativsätze, die ein Verb im _____ enthalten, kann man zu Partizipialkonstruktionen _____.
>
> Das _____ wird zum Attribut des Nomens und wird wie ein Adjektiv _____. Das _____
>
> fällt weg. Alle anderen Informationen stehen zwischen dem Artikel und _____ dem Partizip I.

b Bilden Sie aus den Relativsätzen Partizipialkonstruktionen.

1. Die Globalisierung, die immer mehr unser Leben bestimmt, hat sich durch das Internet beschleunigt.
2. Menschen, die zur Arbeit pendeln, haben weniger Zeit für soziale Kontakte.
3. Lebensmittel, die aus fernen Ländern stammen, sind oft teuer.

c Lesen Sie die Beispielsätze und ergänzen Sie dann den Merksatz mit den Wörtern aus dem Kasten.

die Tiefkühlpizza, die gestern gekauft wurde = die gestern gekaufte Pizza
die Pizza, die in England produziert wird = die in England produzierte Pizza

Partizip II | umformulieren | Relativpronomen | dekliniert | Passiv | vor

> **Tipp**
>
> Relativsätze, die ein Verb im _____ enthalten, kann man zu Partizipialkonstruktionen _____.
>
> Dabei wird das _____ zum Attribut des Nomens und wird wie ein Adjektiv _____ . Das
>
> _____ fällt weg. Alle anderen Informationen stehen zwischen dem Artikel und _____
>
> dem Partizip II.

d Bilden Sie aus den Relativsätzen Partizipialkonstruktionen.

1. Viele Waren, die heute produziert werden, werden exportiert.
2. Die Arbeitszeitmodelle, die immer flexibler gestaltet werden, haben Vorteile für die Arbeitnehmer.
3. Freunde, die ins Ausland versetzt wurden, kann man leicht per Skype erreichen.
4. Partnerschaften, die durch lange Trennungen auf die Probe gestellt werden, halten selten.

> **Info**
>
> Sie sollen zeigen, dass Sie auch komplexere Grammatikkonstruktionen beherrschen. Dazu gehört u.a. auch die Formulierung von Partizipialkonstruktionen.

3 Schritt für Schritt Ihren Text schreiben

a Lesen Sie das Aufgabenblatt. Markieren Sie das Thema.

Schreiben Sie einen zusammenhängenden Text zum Thema „Sport und Globalisierung".

Bearbeiten Sie in Ihrem Text die folgenden drei Punkte:
- Arbeiten Sie wichtige Aussagen aus dem Text heraus.
- Werten Sie die Grafik anhand wichtiger Daten aus.
- Nehmen Sie in einer ausgearbeiteten Argumentation ausführlich zum Thema Stellung.

Sie haben insgesamt 120 Minuten Zeit.

Es gibt Sport – und die ganze Welt sieht zu
von Erik Gondal

Was hat Sport mit Globalisierung zu tun? Internationale Sportgroßveranstaltungen werden von den modernen Medien rund um den Erdball ausgestrahlt. Ob Olympiade, Fußball-Weltmeisterschaft, Tour de France oder Super Bowl: Große Sportereignisse ziehen die Aufmerksamkeit von Millionen Zuschauern auf sich, die ganze Welt sieht zu und fühlt sich verbunden.

An internationalen Wettbewerben nehmen Sportler aus den verschiedensten Ländern teil. Moderne Verkehrsmittel machen es ihnen möglich, in kürzester Zeit ganze Kontinente zu überqueren. Heute noch bei einem Turnier in Europa, zwei Tage später am Start in Australien.
Früher undenkbar – im Zeitalter der Globalisierung ganz normal.

Landesgrenzen überschreiten auch die Sportarten. Waren Wintersportarten früher vor allem in den Ländern vertreten, in denen es auch Winter gab, kann man heute z. B. einer Bobmannschaft aus Jamaika oder Skilangläufern aus Afrika bei der Olympiade zujubeln.

Wer nicht nur zusehen möchte, probiert es selbst aus. Trendsportarten verbreiten sich schnell rund um den Globus. Und wenn es heutzutage in Saudi Arabien eine Skihalle gibt, dann hat auch das mit der Globalisierung zu tun. Möglich ist, was Technik und Geld möglich machen.

Aber mit der Globalisierung geht auch eine Kommerzialisierung des Sports einher, die von vielen kritisch gesehen wird. Oft sind Interessen der Firmen, die Sponsoren dieser Veranstaltungen sind, wichtiger als der Sport. Zudem kostet eine große internationale Sportveranstaltung das Land, in dem sie stattfindet, viel Geld. Manchmal müssen neue Stadien oder die nötigen Infrastrukturen wie Straßen und Hotels erst noch gebaut werden. Und nach der Veranstaltung braucht sie dann keiner mehr.
Sport als globales Ereignis verbindet Völker und bietet die Chance mehr voneinander zu erfahren. Im Guten wie im Schlechten.

Quelle: Tagesblatt, Mai 2015 (zu Prüfungszwecken bearbeitet)

So viele Nationen nahmen an den Olympischen Spielen teil:

Quelle: Wikipedia, 2013

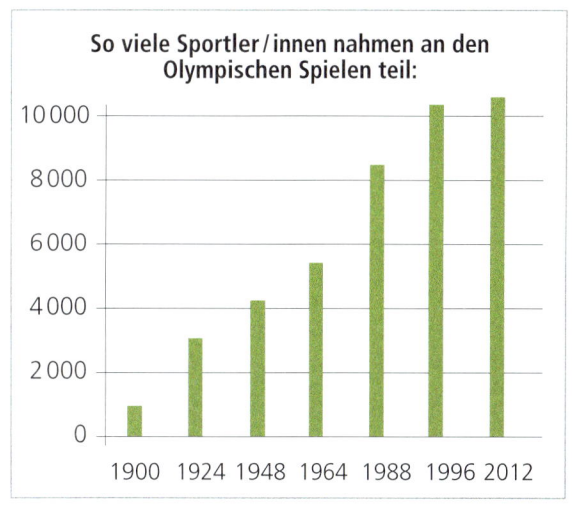

So viele Sportler/innen nahmen an den Olympischen Spielen teil:

Quelle: Wikipedia, 2013

b Orientieren Sie sich an der Checkliste und bereiten Sie Ihren Text vor.

Planen Sie ca. 20 – 30 Minuten Zeit zur Vorbereitung ein.

Checkliste

- Lesen Sie die Aufgabenstellung genau: Was ist das Thema?
- Markieren Sie wichtige Aussagen des Textes.
- Werten Sie die Grafik aus: Was sind die wichtigsten Informationen?
- Wie lässt sich ein Zusammenhang von Text und Grafik herstellen?
- Wie ist Ihre Meinung zum Thema?
- Notieren Sie Vor- und Nachteile, Begründungen und Beispiele.

 c Vergleichen Sie Ihre Notizen mit Ihrer Nachbarin / Ihrem Nachbarn. Was findet sie / er wichtig? Sollten Sie das auch in Ihre Überlegungen integrieren?

4 Die Einleitung und die Überleitung zur Textwiedergabe schreiben

a Was müssen Sie bei der Einleitung beachten? ▶ Kapitel 7

b Formulieren Sie eine Einleitung und anschließend einen überleitenden Satz zur Textwiedergabe.

 c Geben Sie Ihre Einleitung Ihrer Nachbarin / Ihrem Nachbarn. Beurteilen Sie den Text anhand der folgenden Fragen und werten Sie dann im Gespräch die Einleitungen aus.

Fragen	☺	😐	☹
Hat sie / er das Thema richtig erfasst?			
Macht die Einleitung neugierig auf den Text?			
Ist der überleitende Satz zur Textwiedergabe logisch an die Einleitung angeschlossen?			
Sind die Redemittel zur Überleitung richtig formuliert?			

5 Die Textwiedergabe und die Überleitung zur Grafikauswertung schreiben (erste Teilaufgabe)

a Schreiben Sie die Textwiedergabe und die Überleitung zur Grafikauswertung. ▶ Kapitel 1 – 4, 7

b Geben Sie den Text Ihrer Nachbarin / Ihrem Nachbarn. Beurteilen Sie den Text anhand der folgenden Fragen. Werten Sie dann im Gespräch Ihren Textabschnitt aus.

Fragen	☺	😐	☹
Hat sie / er die wichtigsten Informationen des Textes genannt?			
Hat sie / er die Aussagen in eigenen Worten wiedergegeben?			
Gibt es Redemittel, die klar kennzeichnen, dass es sich um Aussagen aus dem Text handelt?			
Hat sie / er die Sätze mit Konnektoren verbunden?			
Ist der überleitende Satz von der Textwiedergabe zur Grafikzusammenfassung logisch und korrekt formuliert?			

6 Die Grafik auswerten, einen Bezug zum Text herstellen und zur Argumentation überleiten (zweite Teilaufgabe)

a Schreiben Sie die Grafikauswertung und eine Überleitung zur Argumentation. ▶ Kapitel 3, 4, 7

b Geben Sie den Text Ihrer Nachbarin / Ihrem Nachbarn. Beurteilen Sie den Text anhand der folgenden Fragen und werten Sie dann im Gespräch Ihren Textabschnitt aus.

Fragen	☺	☺	☹
Hat sie / er die wichtigsten Informationen der Grafik genannt und mindestens zwei Vergleiche hergestellt?			
Hat sie / er mit Redemitteln klar gekennzeichnet, dass es sich um Informationen der Grafik handelt?			
Hat sie / er Konnektoren benutzt?			
Hat sie / er einen Bezug (Gemeinsamkeiten, Widersprüche, Ergänzungen) zwischen Text und Grafik hergestellt?			
Ist die Überleitung zur Argumentation nachvollziehbar und korrekt formuliert?			

7 Die Argumentation formulieren (dritte Teilaufgabe)

a Schreiben Sie Ihre persönliche Stellungnahme. ▶ Kapitel 5 und 6

b Geben Sie den Text Ihrer Nachbarin / Ihrem Nachbarn. Beurteilen Sie den Text anhand der folgenden Fragen und werten Sie dann im Gespräch Ihren Textabschnitt aus.

Fragen	☺	☺	☹
Ist die Form der Argumentation erkennbar? (Wechsel der Argumente pro und contra; hauptsächlich Argumente pro oder contra mit Einschränkungen oder Widerlegung)			
Hat sie / er Argumente genannt und überzeugend aufgebaut? (These, Begründung, Beispiel, Fazit)			
Hat sie / er Bezug auf den Text und die Grafik genommen und durch Redemittel deutlich gemacht			
Hat sie / er die eigene Meinung deutlich gemacht und entsprechende Redemittel dafür benutzt?			

8 Den Text abschließen ▶ Kapitel 7

a Schreiben Sie einen passenden Schluss für Ihren Text.

b Vergleichen Sie: Wie sind die verschiedenen Schlusssätze gestaltet? Wer hat …

	Name		
Bezug zur Einleitung genommen			
die eigene Meinung genannt / wiederholt			
…			

c Sammeln Sie in der Klasse weitere Ideen und Redemittel für einen guten Schluss.

9 Den Text sprachlich kontrollieren

Lesen Sie den Text noch einmal ganz durch und kontrollieren Sie nach den Punkten auf der Checkliste:

Checkliste

☐ Steht das Verb an der richtigen Position (Hauptsatz, Nebensatz)?

☐ Ist das Verb richtig konjugiert? (Stimmt das Subjekt mit dem Prädikat überein?)

☐ Sind alle Nomen großgeschrieben?

☐ Sind die Sätze einfach oder komplex (Konnektoren)?

Portfolio 8: Bilder auswählen

Egal, welche Art der Präsentation Sie wählen, Sie sollten auch Fotos, Illustrationen oder Karikaturen benutzen, denn ein Bild sagt mehr als tausend Worte. Warum?
Bilder

- sind anschaulicher.
- lassen sich schneller aufnehmen.
- wecken Emotionen.
- suggerieren Glaubwürdigkeit.
- bieten viele Informationen auf wenig Platz.

Wir nehmen 80 % der Informationen mit den Augen, 15 % mit den Ohren, aber nur 5 % mit den anderen Sinnen auf.

1 Haben Sie schon Bilder für Ihr Thema gefunden? Dann prüfen Sie:

Checkliste

- ☐ Hat die Darstellung einen Bezug zum Thema?
- ☐ Eignet sie sich für Ihre Präsentationsform?
- ☐ Ist sie groß genug?
- ☐ Ist auf den ersten Blick erkennbar, was Sie damit aussagen wollen?
- ☐ Wollen Sie eine schriftliche Erklärung, z.B. einen Titel, hinzufügen?
- ☐ Haben Sie vorbereitet, was Sie zu dem Bild sagen können?

Wählen Sie nicht zu viele Bilder, Illustrationen, Karikaturen oder Diagramme – das Publikum ist sonst überfordert.

2 Ein Bild vorstellen

a Wählen Sie ein Bild aus und notieren Sie auf einem Notizzettel, was Sie dazu sagen wollen. Bearbeiten Sie dabei die folgenden Fragen.

1	Schauen Sie ganz genau hin: Was sehen Sie?	▪ Was zeigt die Darstellung? ▪ Wer oder was wird angesprochen? ▪ Was fällt besonders auf?
2	Wird ein Problem thematisiert?	▪ Um welches Problem geht es? ▪ Wie wird das Problem in der Darstellung deutlich? ▪ Welche Hinweise gibt der Text?
3	Müssen Sie die Abbildung erklären oder ist die Abbildung selbsterklärend?	▪ Was will der Zeichner oder Fotograf ausdrücken? ▪ Drückt er eine Meinung aus?
4	Welche Meinung haben Sie zu diesem Problem?	▪ Wie stehen Sie zu dem Thema? ▪ Stimmen Sie mit dem Zeichner oder Fotografen überein?

 b Stellen Sie sich gegenseitig Ihre Bilder vor. Besprechen Sie dann in der Klasse, ob die Bilder wirklich geeignet sind.

Info

In „So geht's zum DSD II (B2 / C1) Testbuch mit Leitfaden für die mündliche Prüfung" finden Sie im Leitfaden für die mündliche Prüfung konkrete Tipps zur Verwendung von Bildern.

Selbstevaluation

Ich habe gemacht . . .		Ich bin zufrieden . . .		
	✓	☺	😐	☹
Wortschatz				
Hörverstehen				
Leseverstehen				
Mündliche Kommunikation				
Schriftliche Kommunikation				
Grammatik				
Projekt				

Meine Wortliste zum Thema „Globalisierung":

Sehen Sie sich noch einmal das Kapitel an und notieren Sie hier wichtige Wörter. Ergänzen Sie dann Ihre Notizen um Wörter, die Sie außerdem brauchen.

_____

_____

_____

Wichtige Redemittel

Meine Lieblingswörter

9 Demografischer Wandel

Wortschatztraining

1 Generationen

a Welche Eigenschaften würden Sie den Personen auf den Bildern oben zuordnen?
Schlagen Sie neue Wörter im Wörterbuch nach.

hilflos | erfahren | eigensinnig | hilfsbedürftig | selbstständig | vertrauensvoll | neugierig | gelassen |
ehrgeizig | interessiert | ängstlich | vorsichtig | weise | fürsorglich | sportlich | liebevoll | gebrechlich |
besserwisserisch | aufmüpfig | hartnäckig

b Bilden Sie die Nomen zu den Eigenschaften aus 1a.

2 Lebensabschnitte

a Zeichnen Sie einen Zeitstrahl wie unten in Ihr Heft. Ordnen Sie die Altersbezeichnungen an den
Zeitstrahl. Welche Begriffe sind synonym? Welche sind Oberbegriffe?

der / die 20-Jährige | der / die Ältere | der Säugling | der Teenager | das Kind | der Jugendliche | der / die
Pubertierende | der / die Alte | der / die Erwachsene | der Mittvierziger | das Kleinkind | der Pensionär |
der / die 90-Jährige | die Rentnerin / der Rentner | das Baby | die Greisin / der Greis | das Neugeborene

```
0 Jahre ──────────────────────────────────────────────────▶ 100 Jahre
```

b Bilden Sie vier Gruppen.
Jede Gruppe bekommt ein
großes Blatt Papier (DIN A3)
und notiert Begriffe zum Thema
Generation darauf. Hängen Sie
die Blätter anschließend im
Klassenzimmer auf und erklären
Sie gegebenenfalls neue Wörter.

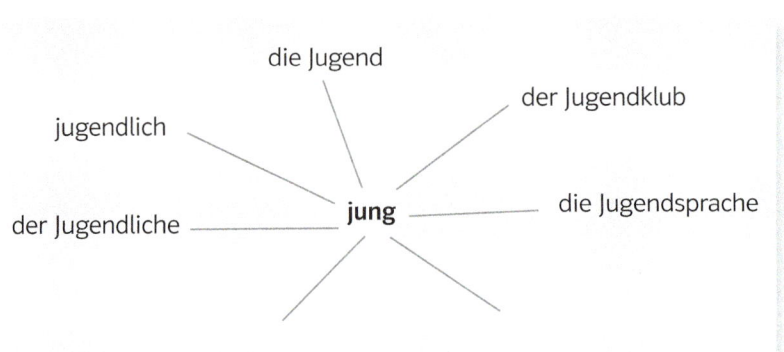

Tipp

Wortschatz können Sie sowohl in Wortfamilien als auch mithilfe eines Assoziogramms sammeln.
Beides sind wichtige Arbeitstechniken.

Training Leseverstehen

▶ Das Leseverstehen 1 und 2 in der vorgegebenen Zeit lösen

1 Das Leseverstehen 1 in der vorgegebenen Zeit lösen

a Lesen Sie die Überschriften A – I und die Texte. Welche Überschrift passt zu welchem Text? Sie haben für diese Aufgabe ca. 10 Minuten Zeit.

A	Richtiges Zuhören muss gelernt werden		F	Zuhören und Fühlen lernen
B	Seniorpaten für Kinder gesucht		G	Uni-Wissen für alle Altersgruppen
C	Wissenschaftsstandort Universität		H	Besseres Verstehen durch Erfahrungsaustausch
D	Generationskonflikt vorprogrammiert		I	Senioren erlernen den Dialog
E	Dialog der Generationen anregen			

1 Kinder und Senioren gehören nicht zu dem Bild, das wir uns von einem Studenten machen. Aber beide Altersgruppen sind an den Universitäten vertreten. Für sie gibt es eine Vielfalt an Konzepten: In Vorlesungen der Kinderuni soll beim akademischen Nachwuchs Neugier auf die Universität geweckt werden. Senioren dagegen immatrikulieren sich „ganz normal" als Studierende oder nehmen als Gasthörer an Lehrveranstaltungen teil. Unterschiedlich sind auch die individuellen Lernvoraussetzungen beider Gruppen: Kinder zeichnen sich durch ein höheres Aufnahmevermögen und eine schnellere Lerngeschwindigkeit aus. Senioren dagegen können auf eine bessere Abstraktionsfähigkeit und auf ein ausgeprägtes Faktenwissen zurückgreifen.

2 Im Frühjahr 2010 startete das Projekt „Sounds of generations", dessen zentrales Thema das Zuhören ist: Wie kommunizieren wir miteinander? Was kann ich erfahren, wenn ich wirklich zuhöre? Wie geht „aktives Zuhören"? Senioren und Schulklassen, die am Projekt teilnehmen, produzieren Hörbeiträge. Indem die Jugendlichen und die Senioren Beiträge zum Thema erstellen, lernen sie selbst wie es geht, sich gegenseitig zuzuhören. Am Ende steht ihr Beitrag, der andere aufmerksam macht, wie man lernt, nicht aneinander vorbei zu hören, sondern aufeinander zu hören.

3 In den westlichen Industriestaaten steigt das Durchschnittsalter der Menschen stetig an. Es gibt immer mehr ältere Menschen. Das ist die eine Seite. Die andere: Die Geburtenrate sinkt, d. h. es gibt immer weniger Kinder. Diese Entwicklung fordert einen neuen Umgang der Generationen miteinander. Das Projekt versucht, Jugendliche und ältere Menschen ins Gespräch miteinander zu bringen. Im Projekt „Miteinander" regt man an, sich gemeinsam über die veränderte gesellschaftliche Lage und das Generationenverhältnis zu unterhalten: früher, heute und wie es in Zukunft aussehen sollte. Was kann man selbst zu einem verbesserten Generationenverhältnis beitragen, damit es zu keinem Konflikt der Generationen kommt?

4 Die Stiftung „Generationen" sucht interessierte Senioren zur Mitarbeit beim Projekt „Senioren an Hauptschulen". Das Projekt wendet sich an Menschen, die nicht mehr im Berufsleben stehen und sich trotzdem noch aktiv in die Gesellschaft einbringen wollen. Die Senioren übernehmen Aufgaben eines Betreuers für Schüler und Schülerinnen, die besondere Unterstützung brauchen, egal ob bei schulischen Aufgaben oder z. B. bei Behördengängen, wenn die Eltern der Kinder sich nicht darum kümmern können oder wollen. Voraussetzungen, um bei dem Projekt mitzumachen, sind Lust, Zeit sowie Verständnis für die Sorgen und Nöte von Kindern und Jugendlichen. Und ein großes Herz!

5 Der Verein „Augenhöhe" hat ein Ziel: Vermittlung. Wenn sich Jung und Alt unterhalten, gebe es vor allem bei den Jungen Blockaden und zwar, weil „die Alten immer alles besser wissen wollen". Der Verein bemüht sich deshalb, den Senioren zu zeigen, wie man den Kinder und Jugendlichen die eigenen Erfahrungen vermitteln kann, ohne den Eindruck zu erwecken, immer alles besser zu wissen. Der Dialog zwischen den Generationen will gelernt sein. Ein Effekt nebenbei: Dieser Austausch wirkt dem Generationenkonflikt entgegen und stellt zugleich eine erfüllende Aufgabe für ältere Menschen dar.

Lösung: _____

2 Das Leseverstehen 2 in der vorgegebenen Zeit lösen ▶ Kapitel 2, 6

Lesen Sie den Text und die Aufgaben 1–7. Kreuzen Sie bei jeder Aufgabe an: „richtig", „falsch" oder „Der Text sagt dazu nichts". Für diese Aufgabe haben Sie ca. 20 Minuten Zeit.

Aussage	richtig	falsch	Der Text sagt dazu nichts.
	A	B	C
1. Seit 1952 gibt es einen jährlich erscheinenden Bericht über das Denken und Fühlen von Jugendlichen.			
2. Die Erwartungen an die Jugend sind groß.			
3. Die Jugendlichen sind fleißiger, zuverlässiger, höflicher und pünktlicher als bei der letzten Studie.			
4. Es gibt kaum Konflikte zwischen den Generationen.			
5. Bei der Elterngeneration und den Jugendlichen gibt es größere Unterschiede im Kleidungs- und Musikgeschmack.			
6. Je höher der Schulabschluss, desto mehr Erfolg hat man.			
7. Optimismus bzw. Pessimismus wird von der gesellschaftlichen Stellung der Familien beeinflusst.			

Seit 1952 erscheint alle drei bis vier Jahre die Shell-Studie, die über die aktuelle Lebenssituation, die Glaubens- und Wertevorstellungen der Jugend Auskunft gibt. Die Shell-Studie aus dem Jahr 2006 zeigt eine pragmatische, angepasste Jugend, die stark unter Druck geraten ist. Zwar sieht die Hälfte ihre persönliche Zukunft immer noch optimistisch, aber die Globalisierungs- und die radikalen Reformdebatten der vergangenen Jahre haben auch bei den Jugendlichen ihre Spuren hinterlassen: Mehr als zwei Drittel fürchten sich demnach z. B. vor Arbeitslosigkeit.

Dabei führen die latenten Ängste bei den jungen Menschen im Alltag erstaunlicherweise nicht zu Renitenz und Auflehnung, sondern vor allem zu Anpassung und extremer Leistungsorientierung: Zentral ist für sie der persönliche Erfolg in einer Leistungs- und Konsumgesellschaft, gleichzeitig möchten sie aber auch das Leben genießen. Für 94 Prozent ist es außerdem besonders wichtig, gute Freunde zu haben und anerkannt zu sein. Denn sehr viele Jugendliche greifen auf die Unterstützung ihrer Freunde, viele auch auf die der Eltern zurück, wenn sie in ihrem Leben größere Probleme haben. „Diese Generation erfüllt alle Erwartungen der Gesellschaft nach Verantwortung, Leistungsbereitschaft und Familiensinn", bilanzieren die Verfasser der Shell-Studie. „Unbekümmertheit und Unbeschwertheit – nach Definition eigentlich Kennzeichen der Jugendphase – sind wenig zu spüren." Das jedoch hat Auswirkungen auf die Gesundheit.

In der Studie heißt es: „Mädchen reagieren auf den Druck mit depressiven Verstimmungen und psychosomatischen Störungen; Jungen versuchen, den Druck aggressiv nach außen loszuwerden."

Die Studie belegt außerdem, dass „die Spannung zwischen den Generationen fast verschwunden ist." Das Verhältnis zu den Eltern bewerten die meisten Jugendlichen positiv: Die Herkunftsfamilie bietet vor allem in Zeiten der gestiegenen Anforderungen in Schule, Ausbildung und den ersten Berufsjahren Rückhalt und Unterstützung. Die Zahl der Jugendlichen, die ihre Kinder genauso erziehen würden, wie sie selbst erzogen wurden, hat zugenommen. Allerdings hätten es die Jugendlichen schwerer sich abzugrenzen, weil die ältere Generation einen ähnlichen Lebensstil in Bezug auf Kleidung, Ausgehen und Musik pflegt.

Die aktuelle Studie von 2010 kommt zu anderen Ergebnissen: Die Jugend schaut trotz wirtschaftlicher Krise zuversichtlicher in die Zukunft als vier Jahre davor. Dabei wird der Schulabschluss von vielen Jugendlichen als der Schlüssel zum Erfolg gesehen. Allerdings hängt der Optimismus der Jugendlichen weiterhin mit ihrer sozialen Herkunft zusammen, denn nur noch 33 Prozent der Jugendlichen aus benachteiligten Familien sind zuversichtlich – dies ist ein deutlicher Rückgang gegenüber 2006. Jugendliche, die sich unsicher sind, ob sie ihren Schulabschluss erreichen, sehen die Zukunft eher negativ.

Info

In der Prüfung müssen Sie Ihre Antworten nach Abschluss des Leseverstehens auf ein Antwortblatt übertragen. Dafür haben Sie 10 Minuten Zeit.

Training Schriftliche Kommunikation

▶ Textwiedergabe und Textzusammenhänge

1 Textwiedergabe im Konjunktiv I

a Vergleichen Sie die beiden Sätze: Worin besteht der Unterschied?

1. „Diese Generation erfüllt alle Erwartungen der Gesellschaft nach Verantwortung, Leistungsbereitschaft und Familiensinn", bilanzieren die Verfasser der Shell-Studie.
2. Die Verfasser der Shell-Studie bilanzieren, dass diese Generation alle Erwartungen der Gesellschaft nach Verantwortung, Leistungsbereitschaft und Familiensinn erfülle.

Tipp

Zur Wiedergabe von Aussagen und wesentlichen Informationen des vorgegebenen Prüfungstextes können Sie neben den Redemitteln: *Im Text steht, …/Der Verfasser äußert die Ansicht, dass …* etc. und der direkten Rede mit Anführungszeichen auch den Konjunktiv I benutzen (indireke Rede).

b Vervollständigen Sie die Information mit den Wörtern aus dem Schüttelkasten.

sei | seiet | Stamm | seien | seien | sei | seiest | Konjunktiv II

Info

Der Konjunktiv I wird aus dem _____ des infiniten Verbs gebildet. In allen Endungen erscheint ein -e. (gehen → ich gehe, du gehest, er gehe, wir gehen, ihr gehet, sie gehen). Das Verb „sein" hat unregelmäßige Konjunktiv I-Formen. Sie lauten: ich _____, du _____, er / sie / es _____, wir _____, ihr _____ und sie _____. Wenn die Form des Konjunktiv I mit der des Indikativs identisch ist, benutzt man die Form des _____ oder die Form mit *würde + Infinitiv*.

c Ergänzen Sie die Formen des Konjunktiv I.

1. er kommt _____
2. sie arbeitet _____
3. er zieht weg _____
4. sie funktioniert _____

5. sie fliegen _____
6. sie fahren _____
7. wir haben _____
8. ihr findet _____

d Formen Sie die übrigen Zitate aus dem Text von S. 105 in die indirekte Rede um:

1. „Unbekümmertheit und Unbeschwertheit sind wenig zu spüren", schreiben die Autoren der Studie.

_____

_____

2. In der Studie 2006 heißt es: „Mädchen reagieren auf den Druck mit depressiven Verstimmungen und psychosomatischen Störungen, Jungen versuchen den Druck aggressiv nach außen loszuwerden."

_____

_____

3. Die Studie belegt außerdem, dass „die Spannung zwischen den Generationen fast verschwunden ist."

_____

_____

2 Textzusammenhänge herstellen

a Arbeiten Sie jeweils zu dritt. Wählen Sie jeweils einen Textabschnitt (A, B oder C). Lesen Sie Ihren Abschnitt und entscheiden Sie sich für eins der vorgeschlagenen Wörter.

A Das Wort Demografie

Das Wort Demografie kommt aus dem Griechischen. (1) _____ (es / sie / er) bedeutet ‚Bevölkerungs-wissenschaft'. Demografen, also Bevölkerungswissenschaftler, zählen zum Beispiel regelmäßig, wie viele Menschen in einem Land leben und wie alt (2) _____ (sie / wir / dieses) sind. Wenn sie ihre Ergebnisse zusammengetragen haben, stellen die Demografen sie unter anderem in einer Grafik dar: in (3) _____ (der / die / das) sogenannten Bevölkerungspyramide. Außerdem interessiert es Demografen, (4) _____ (wohin / wo / woher) die Menschen kommen, (5) _____ (denen / der / die) nach Deutschland ziehen und in welche Länder Deutsche auswandern.

B Die Bevölkerungspyramide

An (1) _____ (diese / dieser / deren) Darstellung kann man zum Beispiel ablesen, wie viele Männer und Frauen in Deutschland leben und wie alt (2) _____ (es / sie / er) sind. Diese Grafik bezeichnet man als Pyramide, weil sie früher – vor ungefähr 100 Jahren – noch wie eine Pyramide aussah: Es gab viele junge und wenige alte Menschen, deshalb war die Grafik am Fuß sehr breit und an der Spitze sehr schmal. Heute sieht die Bevölkerungspyramide gar nicht mehr wie (3) _____ (eine / einer / eines) aus, denn es gibt in Deutschland immer weniger junge und immer mehr alte Menschen. (4) _____ (Die / Was / Das) liegt unter anderem (5) _____ (davon / dafür / daran), dass die Menschen heute länger leben, aber auch an der Tatsache, dass die Deutschen weniger Kinder bekommen als früher: (6) _____ (So / Diese / Ihre) gehen länger zur Schule als früher, heiraten später und müssen nach einer langen Ausbildung erst einmal den Einstieg ins Berufsleben schaffen. So wird die Familienplanung immer weiter nach hinten verschoben.

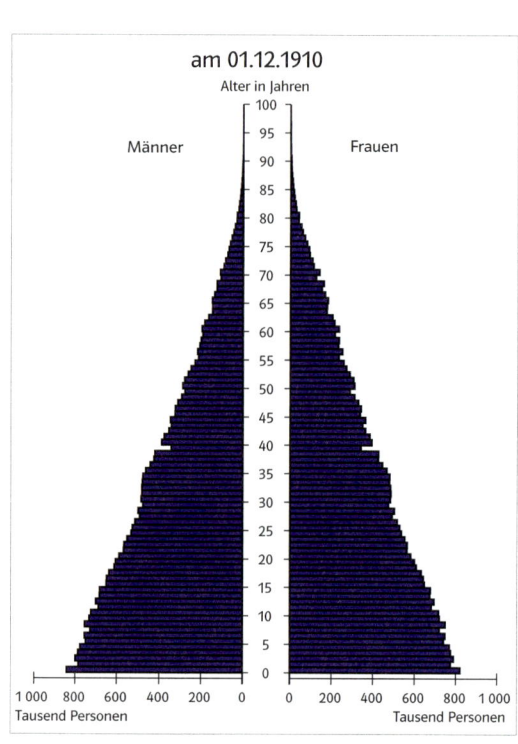

C Wichtige Ergebnisse für die Politik

(1) _____ (Welche / Solche / Diejenigen) demografischen Ergebnisse wie die Bevölkerungspyramide sind sehr wichtig für die Politiker, denn (2) _____ (sie / dort / der) müssen auf Veränderungen in der Bevölkerung reagieren. (3) _____ (Er / Es / Sie) müssen sich zum Beispiel überlegen, (4) _____ (wofür / wovon / worüber) die alten Menschen leben sollen. Wenn es nämlich immer mehr alte Menschen gibt, (5) _____ (die / da / wo) eine Rente bekommen, aber immer weniger junge Erwerbstätige, (6) _____ (die / denen / wer) in die Rentenkasse einzahlen, dann ist irgendwann nicht mehr genug Geld für die Renten vorhanden.

b Stellen Sie Ihre Lösung den anderen Gruppenmitgliedern vor und begründen Sie Ihre Entscheidungen.

> **Tipp**
>
> Wiederholen Sie die Mittel zur Textverknüpfung, wie z.B. Artikel, Pronomen, Demonstrativpronomen, Adverbien als Ersatz für Nomen und Pronominaladverbien als Ersatz für Sätze. Die Kenntnis bzw. der Einsatz dieser Mittel ist für das Leseverstehen 3 und für die schriftliche Prüfung von Vorteil.

Training Schriftliche Kommunikation

▶ Das Schreiben vorbereiten, den Text korrigieren

1 Konzeptpapier und Stift

Besprechen Sie in der Klasse, wie Sie beim Schreiben vorgehen wollen. Sammeln Sie Tipps an der Tafel, vielleicht gefällt Ihnen ein Tipp Ihrer Mitschüler / innen und Sie übernehmen ihn.

„Also ich versuche das Thema zu verstehen und dann lese ich den Text und unterstreiche wichtige Infos. Danach …"

„Ich schreibe zuerst die Einleitung und notiere mir Vorteile und Nachteile auf dem Konzeptpapier. Den Rest formuliere ich dann beim Schreiben."

Tipp

In der Prüfung können Sie Ihren Text zunächst auf Konzeptpapier schreiben. Sie sollten aber nur Stichpunkte oder eine Gliederung formulieren. Denn die Zeit ist zu knapp, um einen kompletten Text auszuformulieren und diesen dann abzuschreiben.
Benutzen Sie einen Kugelschreiber oder einen Füllfederhalter. Mit einem Bleistift zu schreiben, ist nicht erlaubt. Achten Sie auf eine leserliche Handschrift.

2 Korrektur lesen und korrigieren

Tipp

Lesen Sie nach dem Schreiben Ihren Text gründlich durch. Wenn Sie Fehler entdecken, sollten Sie so verbessern: Streichen Sie fehlerhafte Wörter und Sätze mit einem Lineal durch und nummerieren Sie diese. Notieren Sie Ihre Korrekturen unter der entsprechenden Nummer, am besten auf einem Extrablatt. Fehler im Satzbau können Sie auch mit Pfeilen korrigieren. Aufgepasst: Alles, was nicht eindeutig und klar lesbar ist, kann die Bewertung negativ beeinflussen.

~~Meiner Meinung nach sollten an die Universitäten eigene Kurse für den Senioren eingerichtet sein.~~ ¹
Sie haben viel mehr Lebenserfahrung und andere Sichtweisen als wir Jugendlichen, die ich selbst aber vielleicht so nicht teile. Deshalb ich möchte lieber mit anderen Jugendlichen in einem Seminar sitzen, anstatt mir Meinungen von Menschen, die teilweise 40 oder 50 Jahre älter als ich sind, anzuhören. …

1. Meiner Meinung nach sollten an den Universitäten eigene Kurse für Senioren eingerichtet werden.

3 Schreiben Sie einen kompletten Text

a Lesen Sie zuerst die Aufgabe auf der nächsten Seite und markieren Sie das Thema.

b Schreiben Sie Ihren Text und achten Sie dabei auf die Zeit.

c Prüfen Sie vor der Abgabe Ihren Text:

	☺	😐	☹
Habe ich die vorgegebene Zeit eingehalten?			
Habe ich alle Teilaufgaben bearbeitet?			
Habe ich eine Einleitung, einen Schluss und Überleitungssätze formuliert?			
Habe ich mich um einen eigenen Wortschatz bemüht?			
Ist meine Schrift gut zu lesen?			
Sind die Korrekturen sauber angefügt?			

Schreiben Sie einen zusammenhängenden Text zum Thema „Problem oder Chance: Verschiedene Generationen lernen zusammen an der Universität".

Bearbeiten Sie in Ihrem Text die folgenden drei Punkte:

- Arbeiten Sie wichtige Aussagen aus dem Text heraus.
- Werten Sie die Grafik anhand von wichtigen Daten aus.
- Nehmen Sie in Form einer ausgearbeiteten Argumentation ausführlich zum Thema Stellung.

Sie haben insgesamt 120 Minuten Zeit.

Generationskonflikt im Hörsaal
Der demografische Wandel am Beispiel der Universitäten – von Semra Adibezi

Ist es nur eine starke Schlagzeile oder ist es tatsächlich wahr: Tobt eine Schlacht der Generationen an den Universitäten, wie es manche Publikationen reißerisch formulieren?

Tatsächlich ist die Lage von Universität zu Universität und von Fach zu Fach sehr unterschiedlich: Nur wenige Senioren besuchen naturwissenschaftliche Lehrveranstaltungen oder Vorlesungen in Maschinenbau und Ingenieurwissenschaften. Bei ihnen sehr beliebt sind dagegen Veranstaltungen in den Kultur- und Literaturwissenschaften, der Musikwissenschaft und der Philosophie.

Seniorenstudenten sind nichts Neues. An manchen Universitäten gibt es sie schon seit 1994 und seit dieser Zeit hat man sich deshalb auch die Frage gestellt, wie man den Interessen von jungen Studenten, die für ihre zukünftige Berufstätigkeit lernen, und Senioren, die ihre Berufstätigkeit bereits hinter sich haben, gerecht werden kann. Ein Ergebnis dieser Überlegungen sind spezielle Vorlesungs- und Seminarreihen für ältere Studenten.

Konfliktfrei ist das gemeinsame Lernen trotzdem nicht. Oft kommen Senioren sehr früh in den Hörsaal und belegen die besten Plätze, so dass den Jüngeren nur die letzte Bank oder die Treppenstufe bleibt. Manche blockieren mit langen Reden oder Fragen den Fortgang der Vorlesung oder den Dozenten nach der Vorlesung. In den Bibliotheken belegen sie gern die besten Arbeitsplätze und die knapp bemessenen Arbeitsmittel – obwohl sie meistens eher die finanziellen Mittel hätten, um sich die entsprechenden Bücher zu kaufen.

Keine entspannte Situation für die Jüngeren, wie z. B. Timo (23), der sich ärgert: „Wie kann ich alle Bewertungen für mein Studium zusammenbekommen, wenn sich die Senioren immer auf die besten Themen stürzen? Die brauchen das doch gar nicht mehr." Natürlich schätzen viele junge Studierende die Erfahrung der Seniorenstudenten, aber sie meinen auch, dass die Universitäten den gegensätzlichen Erwartungen der Studenten, egal ob alt oder jung, gerecht werden sollten.

Quelle: Hochschulzeitung, April 2014 (zu Prüfungszwecken bearbeitet)

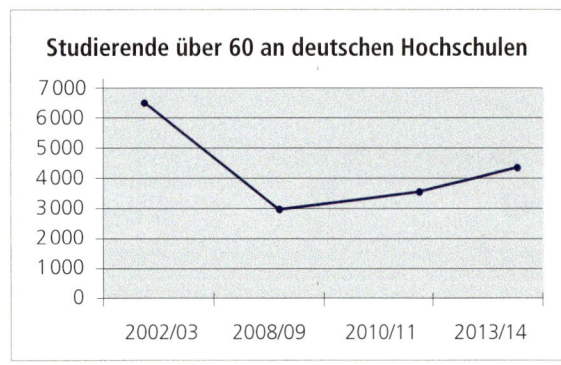

Quelle: destatis, 2015

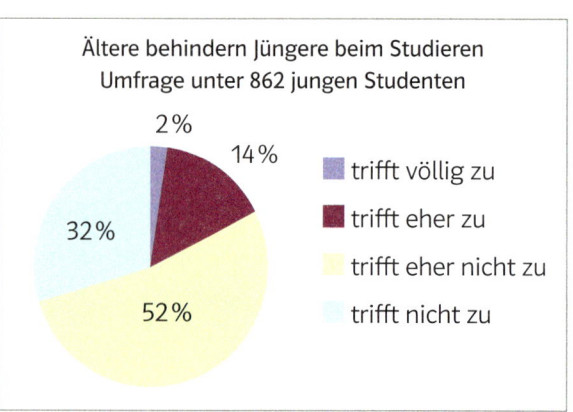

Quelle: Universität Münster, 2013

Training Hörverstehen

▶ Das Hörverstehen 3 trainieren ▶ Kapitel 2, 5, 6

1 Kreuzen Sie an: Was müssen Sie beim Hörverstehen Teil 3 beachten?

1. Sie hören ein Interview. ☐ Ja ☐ Nein
2. Sie hören den Text zweimal. ☐ Ja ☐ Nein
3. Sie müssen insgesamt zehn Aufgaben lösen. ☐ Ja ☐ Nein
4. Die letzte Aufgabe bezieht sich immer auf den Gesamttext. ☐ Ja ☐ Nein

2 Vokabular mithilfe des Kontextes verstehen

Tipp

Nicht immer kennen Sie alle Wörter, die Sie in den Hörtexten hören. Lassen Sie sich nicht verunsichern, sondern versuchen Sie, die Bedeutung aus dem Kontext zu verstehen.

a Lesen Sie die Auszüge aus dem Hörtext. Erklären Sie die unterstrichenen Wörter mithilfe des Kontexts.

Bei der Produktpalette und der Werbung haben die großen Anbieter weiterhin vor allem die Gruppe der 14- bis 49-Jährigen im Visier. Dabei hat die Generation der über 60-Jährigen nach Berechnungen des Deutschen Instituts für Wirtschaftsforschung (IW) schon heute eine Kaufkraft von mehr als 316 Milliarden Euro. Jeder dritte Euro käme demnach zurzeit aus dem Portemonnaie eines Senioren.

Die Steigerung der Kaufkraft dürfte aber vor allem auf die demographische Entwicklung zurückzuführen sein. Denn eine große Steigerung der Renten ist nur schwer denkbar. Im Gegenteil: Vor allem im Osten werden die Renten eher sinken. Der Grund: In den kommenden Jahren gehen Generationen in Rente, die in ihrer Erwerbsbiographie viele Jahre Arbeitslosigkeit aufzuweisen haben.

Bei der Entwicklung von Produkten empfiehlt der Bundesverband der Verbraucherzentralen den Herstellern: Sie sollten sich zwar an den Senioren orientieren, aber keine speziellen Seniorenprodukte anbieten. «Ältere wollen nicht gerne durch Senioren-Produkte auffallen. Ihre Bedürfnisse sollten daher besser in bestehende Produkte integriert werden», sagte VZBV-Vorstand Gerd Billen.

Ähnlich argumentiert auch die Wissenschaftlerin Uta Schwarz. Wichtig sei, das Produktumfeld seniorengerecht zu gestalten. Sie spricht in diesem Zusammenhang von einfachen Gebrauchsanweisungen, Ruheräumen sowie Einpackhilfen und deutlich geschriebenen Preisausschilderungen in Supermärkten.

Die Alterswissenschaftlerin und ehemalige Familienministerin Ursula Lehr geht noch einen Schritt weiter. Ihrer Meinung nach würden auch viele andere Menschen davon profitieren, wenn Produkte altersgerecht werden. Beispielsweise seien die Niederflurstraßenbahnen auf Wunsch von Älteren entwickelt worden. Heute freuen sich aber auch Familien mit Kinderwagen und Fahrradfahrer über den leichteren Zugang.

b Vergleichen Sie Ihre Antworten in der Klasse. Hat Ihnen der Kontext geholfen? Wenn nicht, schlagen Sie gegebenenfalls auch in einem Wörterbuch nach.

3 Hören Sie nun den Text „Senioren verändern unsere Gesellschaft".
Kreuzen Sie bei den Aufgaben jeweils die richtige Lösung an. Sie hören den Text zweimal.

26–28

1. Rentner wollen

    A ☐ viel Geld haben.
    B ☐ abends aktiv sein.
    C ☐ noch viel unternehmen.

2. In der deutschen Gesellschaft

    A ☐ leben mehr junge als alte Menschen.
    B ☐ überwiegen ältere und alte Menschen.
    C ☐ ist das Verhältnis zwischen Jung und Alt ausgeglichen.

3. In manchen ostdeutschen Städten gibt es sehr viele Rentner, weil

    A ☐ die Wohnungen dort besonders preiswert sind.
    B ☐ dort kaum Arbeitslosigkeit herrscht.
    C ☐ sie sich mit den Wohnungsgesellschaften verbunden fühlen.

4. Die deutschen Unternehmen

    A ☐ ignorieren die Wünsche von Senioren.
    B ☐ nehmen sehr viel Rücksicht auf Senioren.
    C ☐ produzieren vor allem für Kunden unter 50 Jahren.

5. Die Steigerung der Kaufkraft von Senioren wird

    A ☐ die Gesundheits- und Pflegebranche beeinflussen.
    B ☐ vielen unterschiedlichen Branchen Nutzen bringen.
    C ☐ mit vielen Fragen verbunden sein.

6. Die Hersteller sollen

    A ☐ spezielle Produkte für Senioren anbieten.
    B ☐ sich nach den Bedürfnissen der Senioren richten.
    C ☐ keine Produkte für Senioren entwickeln.

7. Seniorengerechte Produkte machen den Alltag

    A ☐ von Familien leichter.
    B ☐ für alle beschwerlicher.
    C ☐ für viele Menschen leichter.

8. Senioren

    A ☐ wollen ihren Lebensabend aktiv gestalten.
    B ☐ interessieren sich nicht für moderne Produkte.
    C ☐ verfügen immer öfter über weniger Geld.

Training Mündliche Kommunikation

▶ Das Kriterium „Verfügbarkeit sprachlicher Mittel" im Prüfungsgespräch

1 Eines der Prüfungskriterien betrifft die „Verfügbarkeit sprachlicher Mittel"

a Diskutieren Sie in der Klasse:

- Was gehört zu den „sprachlichen Mitteln"
- Was bedeutet „Verfügbarkeit"?
- Was bedeuten die Wörter im Kasten rechts im Zusammenhang mit „sprachlichen Mitteln"?

gute | differenzierten | problemlos | offensichtliche | selten | präzisen | breites

b Ergänzen Sie die die Lücken mit den Wörtern aus 1a.

Verfügbarkeit sprachlicher Mittel:

Der Schüler verwendet einen (1) _____ und (2) _____ Wortschatz sowie ein

(3) _____ Spektrum an Strukturen. Das (4) _____ Suchen nach Wörtern ist

(5) _____. Bei Wortschatzlücken verwendet er (6) _____ Umschreibungen.

Er zeigt eine (7) _____ Beherrschung idiomatischer Ausdrücke.

c Was denken Sie: Was spricht für sprachliche Mittel auf dem Niveau C1 und was für ein Niveau unter C1? Lesen Sie die Begriffe und ordnen Sie zu.

Synonyme | häufige Wortschatzlücken | Zitate | idiomatische Wendungen | Wiederholungen | Grundwortschatz | einige komplexe Satzstrukturen | einfacher Satzbau | verschiedene Satzstrukturen | richtig eingesetzte Konnektoren | Umgangssprache | falsche Umschreibungen | Hochdeutsch

C1	unter C1

d Wie würden Sie die folgenden beiden Aussagen bewerten? Begründen Sie Ihre Bewertung.

> Ja, also, der nächste Stichpunkt heißt: „Jugend heute". Also, jung ist man bis ungefähr 20 Jahre. Oder? Naja, also, die Jugend heute ist ganz sicher anders als die Jugend früher. Sie muss viel lernen, das ja, aber sie muss nicht arbeiten. So wie früher. Da mussten Kinder arbeiten und Geld verdienen. Weil die Eltern haben nicht genug verdient. Das war so im letzten Jahrhundert. Ja, also, die Jugend heute kann lernen und studieren und dann arbeiten und sich ein Leben bauen. Aber ich denke, das ist auch heute nicht so einfach. …

> Der nächste Stichpunkt, zu dem ich etwas sagen möchte, heißt „Jugend heute". Für mich ist es schwierig, Jugend zu definieren, denn es ist individuell verschieden, wie lange man sich jung fühlt. Deshalb möchte ich hier auf eine Definition verzichten. Jungsein heute heißt natürlich etwas anderes als Jungsein früher: Kinder und Jugendliche mussten bis zum 19. Jahrhundert schon frühzeitig arbeiten, da die Eltern oft nicht genug verdienten. Heute hat die Jugend es besser: Sie kann lernen und sich ausbilden. Nach der Ausbildung kann man einen Beruf ergreifen und sich ein eigenes Leben aufbauen. Zwar ist das heute auch nicht so leicht, aber sicherlich leichter, als das früher der Fall war. …

e Sprechen Sie über das Thema „Jugend heute": Notieren Sie drei Stichwörter, zu denen Sie etwas sagen möchten und bereiten Sie einen kurzen Vortrag vor. Achten Sie beim Sprechen auf Ihre „sprachlichen Mittel". Wie bewerten Ihre Mitschülerinnen und Mitschüler Sie?

Portfolio 9: Grafiken und Diagramme erstellen und besprechen

1 Diagrammtypen ▶ Kapitel 3

a Welches Diagramm eignet sich wofür? Ordnen Sie zu.

Das Säulendiagramm	eignet sich vor allem zur Darstellung von Prozentwerten, d.h. von Anteilen einer Gesamtheit (= 100 %).
Das Kreisdiagramm	zeigt oft eine Entwicklung.
Das Balkendiagramm	stellt meist eine Rangfolge dar.
Das Kurvendiagramm	zeigt die Veränderung von Werten über einen Zeitraum.

b Haben Sie Zahlen, die Sie in einem Diagramm darstellen möchten? Welche Diagramm-Form wählen Sie am besten? Besprechen Sie Ihre Fragen in der Klasse.

2 Über Diagramme sprechen

a Wählen Sie ein Diagramm aus Ihren Vorbereitungsmaterialien für Ihr eigenes Thema aus. Kopieren Sie es auf ein DIN-A4-Blatt. Machen Sie sich auf der Rückseite des Blattes Notizen zur Versprachlichung.

> Denken Sie an folgende Fragen:
> - Um was für ein Diagramm handelt es sich?
>   (Kreisdiagramm, Säulendiagramm, Balkendiagramm, Kurvendiagramm)
> - Was sagt das Diagramm / die Grafik auf den ersten Blick?
>   (Überschrift, Untertitel, Quelle, Daten von wann?)
> - Was wird veranschaulicht?
>   (Teile vom Ganzen, Entwicklung von etwas, Vergleich zwischen Entwicklungen, Rangfolge von etwas, Rangfolgen im Vergleich)
> - Um welchen Zahlenwert handelt es sich?
>   (Prozentsätze, absolute Zahlen)
> - Um welchen Zeitraum handelt es sich?
>   (Darstellung von Stand innerhalb eines Jahres, Monats etc., Vergleich mehrerer Jahre, Monate etc.)

b Um in Ihrer Präsentation über eine Grafik zu sprechen, können Sie folgende Redemittel gut verwenden. Ergänzen Sie die Redemittel, wo nötig, zu kompletten Sätzen.

> Die Ergebnisse meiner Recherche habe ich in einem Säulendiagramm zusammengefasst. | Sie sehen hier auf der x-Achse … und auf der Y-Achse … | Zur Verdeutlichung dieses Aspekts habe ich eine Grafik mitgebracht. | Ich möchte Ihnen dazu kurz eine Grafik erläutern. | Diese Entwicklung können Sie besonders gut auf diesem Kurvendiagramm ablesen. | Ich habe ein Diagramm angefertigt, um …

c Bilden Sie Gruppen von ca. sechs Personen und stellen Sie sich in einem Kreis auf. Halten Sie Ihr Diagramm so vor sich, dass die anderen es gut sehen können. Der Erste beginnt mit der Erklärung seines Diagramms, der „Spickzettel" auf der Rückseite seines Blattes hilft dabei. Dann gibt er das Wort an einen anderen weiter, der zunächst das erste Diagramm nochmals vorstellt und anschließend über sein eigenes spricht.

Selbstevaluation

Ich habe gemacht ...		Ich bin zufrieden ...		
	✓	☺	😐	☹
Wortschatz				
Leseverstehen				
Schriftliche Kommunikation				
Hörverstehen				
Mündliche Kommunikation				
Projekt				

Meine Wortliste zum Thema „Demografischer Wandel":

Sehen Sie sich noch einmal das Kapitel an und notieren Sie hier wichtige Wörter. Ergänzen Sie dann Ihre Notizen um Wörter, die Sie außerdem brauchen.

_____ _____ _____
_____ _____ _____
_____ _____ _____
_____ _____ _____
_____ _____ _____
_____ _____ _____
_____ _____ _____
_____ _____ _____

_____ Wichtige Redemittel   Meine Lieblingswörter
_____ _____ _____
_____ _____ _____
_____ _____ _____
_____ _____ _____
_____ _____ _____
_____ _____ _____
_____ _____ _____

Wortschatztraining

10 **Regionen, Sprachen und Dialekte**

1 Tagebau

a Welche Wortteile können Sie verstehen? Was könnten die folgenden Wörter bedeuten?

die Mondlandschaft |
die Flutung |
der Tagebau |
das Kohleflöz |
die Braunkohlegewinnung

Mond und Landschaft. Ich denke, das Wort meint eine Landschaft, die aussieht wie auf dem Mond, also ohne Bäume, ohne Pflanzen.

b Ordnen Sie den Beschreibungen die passenden Wörter aus 1a zu.

A Ein tiefer gelegenes Gebiet wird mit Wasser gefüllt.		
B Bodenschätze, die nah unter der Erdoberfläche liegen, werden ohne Minen aus dem Erdreich gewonnen.		
C Damit bezeichnet man eine vor Jahrtausenden entstandene Ablagerung eines wichtigen Energieträgers in der Erde.		
D Das ist eine Landschaft, die so aussieht wie die Oberfläche eines der Erde nahen Himmelskörpers.		

c Welches Foto von oben passt? Ordnen Sie in der Tabelle von 1b zu.

d Zu welchem Thema gehören die Wörter aus 1a? Schreiben Sie eine Tabelle wie unten in Ihr Heft. Ordnen Sie die Begriffe zu und ergänzen Sie weitere Wörter zu den Themen. Finden Sie außerdem ein eigenes Thema und ergänzen Sie Wortschatz.

Bergbau	Weltraumforschung	Literatur	

Tipp

Sammeln Sie Spezialwortschatz zu Themenschwerpunkten, insbesondere zum Thema Ihrer Projektarbeit.

Training Leseverstehen

► Das Leseverstehen 3 und 4 in der vorgegebenen Zeit lösen

1 Das Leseverstehen Teil 3 in der vorgegebenen Zeit lösen ► Kapitel 3, 7

Lesen Sie den Text und setzen Sie in jede Lücke 1 – 5 den richtigen Satz (A – G) ein.
Zwei Sätze bleiben übrig. Zuerst lesen Sie ein Beispiel. Das Beispiel (0) hat die Lösung (Z).
Sie haben für diese Aufgabe ca. 20 Minuten Zeit.

Z	Das heißt, man fällte Bäume, riss ganze Dörfer ab, weil sie auf einem Kohleflöz standen und grub anschließend riesige Löcher in die Erde.
A	Denn für sie, die Menschen aus den Nachbarländern, ist es die nächstliegende zusammenhängende Seenlandschaft.
B	Dort hat man Erfahrungen gesammelt, die man jetzt bei der Rekultivierung der anderen Seen nutzt.
C	Die neue Seenlandschaft wird die Attraktivität dieser Region noch weiter erhöhen.
D	Zwar gelingt nicht alles, wie man es sich wünscht,
E	In die Lausitz werden bald noch mehr Touristen kommen.
F	Der Senftenberger See dagegen steht für Familienurlaub.
G	Aber bis zur endgültigen Fertigstellung ist noch viel zu tun:
H	Schon seit 1973 ist der See ein beliebtes Ziel für Touristen und Einheimische.

Lausitzer Seenland: Vom Tagebau zur Urlaubsregion

Mehr als 40 Prozent des deutschen Stroms wird heute noch aus Braunkohle erzeugt. Um an die Braunkohle zu gelangen, musste (und muss man bis heute) in die Landschaft eingreifen. (0)____Z____ Wo früher Braunkohle abgebaut wurde, blieb eine Mondlandschaft mit riesigen Tagebau-Restlöchern zurück. Aber nun versucht man seit einiger Zeit, diese Landschaft zu rekultivieren. Ein Vorzeigebeispiel für diese Rekultivierung ist die Region rund um die Lausitz, dort nimmt allmählich eine neue Landschaft Gestalt an.

Die Region der Oberlausitz zählt bereits zu den beliebten Urlaubszielen in Ostdeutschland. (1)_____ Denn zu den bereits vor vielen Jahren aus dem Tagebau entstandenen und bei Urlaubern sehr beliebten Seen kommen nun durch Flutung weitere Seen hinzu, sodass das Lausitzer Seenland am Ende 23 Gewässer mit einer Wasserfläche von etwa 14 000 Hektar umfassen wird. Bis 2020 wird sich so die größte künstliche Seenlandschaft Europas bilden. Zehn dieser Gewässer sollen über Kanäle miteinander verbunden werden.

Vorbild für diese einzigartige Wasserwelt ist der Senftenberger See. Der frühere Tagebau Niemtsch wurde von 1967 bis 1972 geflutet. (2)_____ Man kann dort nicht nur baden, sondern auch mit dem Fahrrad rund um den See fahren oder skaten, angeln und sogar segeln. Im Sommer 2012 soll für die Segelboote der „Stadthafen" eröffnet werden. Für kulturelle Höhepunkte sorgt das Amphitheater der *Neuen Bühne Senftenberg*, das direkt am Ufer des Sees gelegen ist. Vor allem auf sächsische Gäste wirkt der See wie ein Magnet. Aber auch bei Gästen aus Tschechien wird die Region immer beliebter. (3)_____.

Ein Vorteil dieser von Menschenhand geschaffenen Seen ist ihre planbare Nutzung: So ist der Geierswalder See für den Wassersport reserviert, der Bärwalder See mit seinem überdimensionalen „Ohr" aus Sand samt Theater beim sächsischen Boxberg wird für Landschaftskunst stehen. (4)_____ Rund um die Stadt Welzow wiederum gibt es eine andere Attraktion: Dort können Interessierte die Braunkohlegewinnung im Tagebau und den darauf folgenden Landschaftswandel bis hin zur rekultivierten Landschaft hautnah verfolgen. Damit bietet sich Welzow zum idealen Startpunkt für Erkundungen rund um den Tagebau an.

Der Traum einer schönen, wieder zurückgewonnenen Landschaft wird langsam Realität. (5)_____ Die Befestigung der Ufer ist teilweise noch nicht abgeschlossen, einige Gebiete dürfen deshalb noch nicht betreten werden. Auch Verbindungskanäle müssen noch gebaut und fertig gestellt werden. Aber nach und nach entsteht eine neue Landschaft, die den Menschen schöner als je zuvor zurückgegeben wird.

Quelle: Daniela Kühn, dpa, 2011 (zu Prüfungzwecken bearbeitet)

2 Das Leseverstehen Teil 4 in der vorgegebenen Zeit lösen ► Kapitel 4, 8

a Was müssen Sie beim Leseverstehen 4 beachten? Kreuzen Sie an.

1. Sie bekommen im Leseverstehen 4

   A ☐ einen Text.
   B ☐ zwei Texte.
   C ☐ Überschriften.

2. Sie lösen die Aufgabe, indem Sie das Signalwort im Text finden und prüfen,

   A ☐ ob die Aussage A, B oder C die Textaussage richtig wiedergibt.
   B ☐ ob man das auch anders sagen kann.
   C ☐ ob der Text aus einer Zeitschrift oder dem Internet ist.

3. Die letzte Aufgabe ist

   A ☐ eine Spezialaufgabe, die nur von Ihrem Lehrer gelöst werden kann.
   B ☐ eine Aufgabe, die das Gesamtverständnis des Textes überprüft.
   C ☐ eine Übung, um Ihr Wissen über Synonyme abzufragen.

b Lesen Sie den Text. Kreuzen Sie dann bei jeder Aufgabe die richtige Lösung an.
Sie haben für diese Aufgabe ca. 25 Minuten Zeit.

Deutsch: Zauberhafter „Krabat" – Sorbisch: Wobkuzłacy „Krabat"

Sagen werden seit Jahrhunderten erzählt und sind bis zum heutigen Tage ein fester Bestandteil der Literatur. Sie werden mündlich überliefert. Jeder Sage liegt ein wahres Ereignis zugrunde. So ist es auch mit der bekanntesten sorbischen Sage „Krabat".

Krabat war ein sorbisches Bettelkind, das als Lehrling bei einem Müller zu arbeiten anfing, aber schnell erkannte, dass der Müller ein Zauberer war, der seine Lehrlinge daran hinderte, die Mühle zu verlassen. Heimlich eignete Krabat sich das magische Wissen des Meisters an. Als der Meister dies entdeckte, stellte er Krabat vor eine Probe. Diese bestand Krabat durch die Kraft der Liebe und war damit frei.

Man erzählt sich, dass er später auf den Marktplätzen mit reichen Viehhändlern Späße trieb. Er soll sogar den sächsischen Kurfürsten August vor den Türken gerettet haben. Die Bauern schrieben ihm die Fähigkeit zu, dass er mithilfe seiner Zauberkünste Böden fruchtbar machen, vertrocknete Ernten retten und Sümpfe trockenlegen konnte.

Das historische Vorbild für die Krabatfigur soll der aus Kroatien stammende Reitmeister Johann von Schadowitz sein. Er bekam 1691 wegen seiner Tapferkeit im Krieg vom Sächsischen Kurfürsten ein kleines Rittergut namens „Särchen" geschenkt. Mit seiner prachtvollen Uniform und seinem südländischen Aussehen war der Reitmeister im Dorf eine außergewöhnliche Erscheinung. Seine Reitkünste sowie das weltgewandte Auftreten boten den Einwohnern Särchens genug Stoff für Sagen und Legenden.

Der sorbische Schriftsteller Jurij Brězan (1916–2006) stellte die bekannteste Figur der sorbischen Sagenwelt in den Mittelpunkt dreier Romane. Einen anderen Schriftsteller, Otfried Preußler (*1923), animierte der junge Held mit den magischen Kräften zu einem Jugendbuch, das viele Preise erhielt und in 31 Sprachen übersetzt wurde. Es wurde Vorlage für den spannenden Film „Krabat", der im Herbst 2008 mit Starbesetzung in die Kinos kam. Die Leinwandproduktion von „Krabat" faszinierte ein Millionenpublikum und lenkte die Aufmerksamkeit auf die Gegend, in der die Geschichte ihren Ursprung hat.

Die zweisprachige Oberlausitz, wo Deutsche und Sorben miteinander leben, setzt bereits seit 2001 verstärkt auf die touristische Anziehungskraft der Figur Krabat. Am Rand von Schwarzkollm bei Hoyerswerda wird die Mühle aus der Verfilmung nachgebaut, in der Besucher Requisiten und Kulissen aus dem Kinofilm sehen können, darunter Krabats Spaten, seinen Zauberstab und die Mühlentreppe. Mittlerweile kommen zahlreiche Besucher an den Ort, wo Krabat der Sage nach das Zauberhandwerk beim Müllermeister erlernte.

Andere Ideen entstanden, um Touristen in die Region zu locken: So gibt es heute einen Radweg, auf dem man Krabats Spuren folgen kann. Mehrere nach ihm benannte Produkte kamen heraus, etwa das Krabat-Pils oder ein Kartenspiel. In Kamenz dürfen sich Kinder auf einem Krabat-Spielplatz austoben. Alljährlich gibt es ein Krabat-Fest an einem jeweils anderen Ort in der Region, der mit der Legende verbunden ist. In Groß Särchen wurde das Rittergut „Krabats" neu errichtet. Eine Ausstellung, eine Touristeninformation und ein Laden für Lausitzer Produkte haben darin Platz gefunden.

Auch die sorbischen Schüler sind von der Sagenfigur fasziniert: So entwickelte eine Klasse des Lessing-Gymnasiums Hoyerswerda einen Radiobeitrag zum Thema „Krabat erobert die Region". Dazu recherchierten sie zusammen mit ihrer Deutschlehrerin zur historischen Gestalt des Krabat und den Möglichkeiten, in der Lausitz auf seinen Spuren zu wandeln. Entstanden ist ein Hörfunkfeature, das die historischen Informationen mit Ausflugstipps verbindet und bei Besuchern und Touristen Interesse wecken und sie bei ihrem Weg auf Krabats Spuren durch die Lausitz begleiten soll.

1. Die Sage

   A ☐ ist eine typisch sorbische Literaturerscheinung.
   B ☐ wird von Mund zu Mund weitergegeben.
   C ☐ erzählt immer von Tapferkeit und Mut.

2. Der kroatische Reitmeister

   A ☐ wurde von der Bevölkerung abgelehnt.
   B ☐ war im Dorf Särchen sehr beliebt.
   C ☐ war möglicherweise der historische Krabat.

3. Otfried Preußler

   A ☐ drehte den sehr erfolgreichen Film „Krabat".
   B ☐ nahm sich den Schriftsteller Jurij Brězan zum Vorbild.
   C ☐ schrieb ein sehr erfolgreiches Buch.

4. In Schwarzkollm bei Hoyerswerda wird die Mühle

   A ☐ als Museum für die Filmrequisiten nachgebaut.
   B ☐ zum authentischen Nachspielen für Touristen wiederhergestellt.
   C ☐ für touristische Zwecke wieder rekonstruiert.

5. Es gibt

   A ☐ alle zwei Jahre ein Krabatfest an verschiedenen Orten.
   B ☐ jährlich ein Krabatfest am immer gleichen Ort.
   C ☐ jährlich aber örtlich wechselnd ein Krabatfest.

6. Die Schüler realisierten ein Projekt:

   A ☐ Man kann dieses als Radiobeitrag anhören und touristisch nutzen.
   B ☐ Es ist eine interessante Literaturlandkarte entstanden.
   C ☐ Sie begleiteten Touristen auf den Spuren von Krabat.

7. Krabat ist

   A ☐ bis heute eine ausschließlich literarische Figur.
   B ☐ eine Figur, die auch für den Ausbau des Tourismus genutzt wird.
   C ☐ eine der wichtigsten Gestalten der Sagenwelt.

c Vergleichen Sie Ihre Lösungen von Aufgabe 1 und 2b in der Klasse. Geben Sie sich Tipps zur Lösungsfindung.

Info

In der Prüfung müssen Sie Ihre Antworten nach Abschluss des Leseverstehens auf ein Antwortblatt übertragen. Dafür haben Sie 10 Minuten Zeit. Antwortblätter für die Prüfungsteile Lese- und Hörverstehen finden Sie im Testbuch „So geht's zum DSD II (B2 / C1)".

Training Hörverstehen

► Das Hörverstehen Teil 3 trainieren ► Kapitel 2, 5, 6, 9

1 Dialekte

a In Deutschland gibt es viele Dialekte. Raten Sie, wo einige von ihnen gesprochen werden.

1	Sächsisch	A	Hessen
2	Schwäbisch	B	Sachsen
3	Bairisch	C	Baden-Württemberg
4	Hessisch	D	Bayern

b Welches Wort passt nicht in die Reihe?

1. Standardsprache – Dialekt – Mundart – Fremdsprache – Umgangssprache
2. schreiben – flüstern – sprechen – reden – plaudern
3. verwenden – brauchen – anwenden – gebrauchen – benutzen
4. fördern – unterstützen – pflegen – beistehen – helfen

2 Das Hörverstehen 3 lösen

29–31

a Sie hören gleich den Text „Die Sache mit dem Dialekt". Kreuzen Sie bei jeder Aufgabe die jeweils richtige Lösung an. Sie hören den Text zweimal.

1. … der Deutschen sprechen Dialekt.

   A ☐ Über 50%
   B ☐ Ein Drittel
   C ☐ Etwa 30%

2. Dialekt ist

   A ☐ eine schwer erlernbare Sprache.
   B ☐ ein Zeichen fehlender Bildung.
   C ☐ eventuell problematisch im beruflichen Umfeld.

3. In Oberbayern

   A ☐ sprechen alle Kollegen Bairisch.
   B ☐ kann man Bairisch im Beruf mit Erfolg verwenden.
   C ☐ lehnt man norddeutsche Kollegen ab.

4. In der Schriftsprache

   A ☐ sollte man den Dialekt benutzen.
   B ☐ folgt der Dialekt strengen Regeln.
   C ☐ machen dialektale Ausdrücke oft einen negativen Eindruck.

5. Führungskräfte nehmen an Sprechseminaren teil,

   A ☐ weil sie selbstbewusster sprechen lernen wollen.
   B ☐ um ihre vom Dialekt geprägte Sprache loszuwerden.
   C ☐ um dialektale Sprachfärbungen zu lernen.

6. Bei Hochschulabsolventen

   A ☐ ist Dialekt kein Hindernis für die Karriere.
   B ☐ kann ein Sprechtraining bei der späteren Karriere helfen.
   C ☐ ist eine Karriere im Rheinland oder Sachsen sehr beliebt.

7. Der Duden-Korrektor im Computer

   A ☐ markiert nur Ausdrücke der Standardsprache.
   B ☐ hilft beim Schreiben korrekter und verständlicher Texte.
   C ☐ wird nur im beruflichen Schriftverkehr eingesetzt.

8. Die Gesamtaussage des Texts lässt sich so zusammenfassen:

   A ☐ Dialekte sind nützlich im Beruf.
   B ☐ Dialekte sind für den Beruf sehr wichtig.
   C ☐ Dialekte können für eine Karriere hinderlich sein.

Training Schriftliche Kommunikation

► Den kompletten Text schreiben und bewerten

1 Lesen Sie die Aufgabe und markieren Sie das Thema.

Schreiben Sie einen zusammenhängenden Text zum Thema „Vom Aussterben bedrohte Sprachen lernen?"

Bearbeiten Sie in Ihrem Text die folgenden drei Punkte:
- Arbeiten Sie wichtige Aussagen aus dem Text heraus.
- Werten Sie die Grafik anhand wichtiger Daten aus.
- Nehmen Sie in Form einer ausgearbeiteten Argumentation ausführlich zum Thema Stellung.

Sie haben insgesamt 120 Minuten Zeit.

Das Sorbische – eine Sprache, die sich lohnt zu lernen! von Andreas Henrici

Kerstin Sarodnik ist Sorbin und gehört damit zu einer Minderheit in Deutschland. Sie ist zweisprachig aufgewachsen, neben ihrer Muttersprache Sorbisch spricht sie Deutsch. In der Schule musste sie beide Sprachen lernen. „Ich habe es nicht bereut", meint Kerstin Sarodnik in einem Interview.

Die Siedlungsräume der Sorben liegen nahe der polnischen und tschechischen Grenze. Knapp 60 000 Menschen bekennen sich heute zur sorbischen Nationalität. Man geht davon aus, dass Sorbisch noch von ungefähr 16 000 bis 20 000 Personen aktiv gesprochen wird. Das Sorbische ist dem Polnischen und dem Tschechischen ähnlich. „Wenn man das Sorbische beherrscht, kann man diese beiden anderen slawischen Sprachen zum Teil verstehen und es bereitet nicht so viel Mühe, diese schnell zu erlernen", sagt Kerstin Sarodnik. Sie muss es wissen, denn zurzeit lernt sie Tschechisch für ihren Beruf.

Die Sorben hatten es als kleines Volk schon immer schwer. Heutzutage ist die Zerstörung der Dörfer und Gemeinden durch den Braunkohletagebau das größte Problem, denn dadurch verlieren die Sorben historisch gewachsene räumliche Strukturen und einen Teil ihrer Alltagskultur.

Umso wichtiger ist es, dass die sorbische Kultur und die Sprache erhalten bleiben. Von der Bundesrepublik und der Europäischen Union erhalten Verbände, Institutionen, Schulen und Kultureinrichtungen der sorbischen Minderheit besondere Förderung und Unterstützung. Denn man weiß, nur mit der Sprache wird die Kultur lebendig bleiben und Identität stiften. Es lohnt sich, denn das Interesse am Sorbischen wächst wieder, stellt Frau Sarodnik fest. Das zeigen die steigenden Zahlen der Kinder und Jugendlichen an sorbischsprachigen Einrichtungen. Am Niedersorbischen Gymnasium in Cottbus lernen derzeit 700 Schüler.

Es gibt also Hoffnung, dass die Sprache und die Kultur der Sorben und damit die kulturelle Vielfalt in Deutschland erhalten bleiben.

Quelle: Magazin aktuell, 2009
(zu Prüfungszwecken bearbeitet)

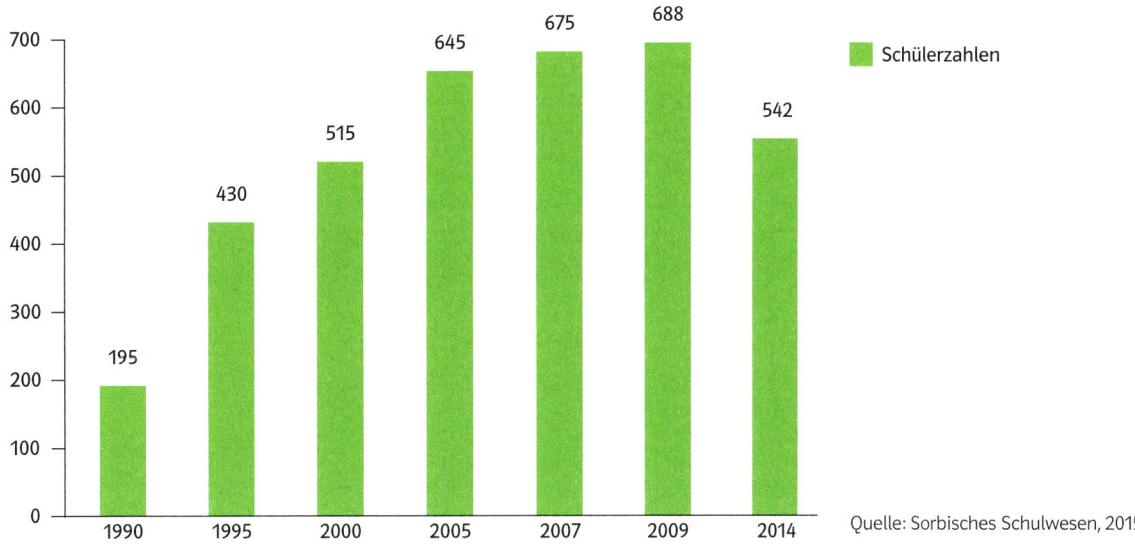

Schülerzahlen am Niedersorbischen Gymnasium

Quelle: Sorbisches Schulwesen, 2015

2 Ihren Text bewerten

a Ein Schüler hat einen Text zum Thema geschrieben. Prüfen Sie in drei Gruppen:

1. Gruppe:	2. Gruppe:	3. Gruppe:
▪ Wie ist die Einleitung formuliert? ▪ Gibt es eine Überleitung zur Textwiedergabe? ▪ Werden alle wichtigen Informationen des Textes und der Grafik genannt und als solche gekennzeichnet?	▪ Wie ist die Überleitung zur Stellungnahme formuliert? ▪ Werden Pro- und Contra-Argumente genannt? ▪ Ist die Begründung ausführlich und mit Beispielen belegt? ▪ Wird auf die Informationen aus dem Text und der Grafik Bezug genommen?	▪ Hat der Schüler seine Meinung deutlich gemacht? ▪ Ist sie als eigene Meinung gekennzeichnet (Redemittel)? ▪ Wird der Text sinnvoll abgeschlossen?

▪ Wie ist die Sprache des Textes (eigenen Wortschatz verwendet, komplexer Satzbau, Konnektoren, …)?

Vom Aussterben bedrohte Sprachen erlernen?

Große, viel gesprochene Sprachen wie z. B. Englisch zu erlernen ist mittlerweile selbstverständlich und gehört fast zum Standard jeder Schulausbildung auf der ganzen Welt. Aber lohnt es sich, sich kleine Sprachen, die vom Aussterben bedroht sind anzueignen?

Der Text mit dem Titel „Das Sorbische – eine Sprache, die sich lohnt zu lernen" informiert sich genau mit diesem Thema. Im Text informiert darüber, was das Sorbische für eine Sprache ist, wo man sie spricht, wer und wie viele diese Sprache sprechen. Im Text wird darauf verwiesen, dass Sorbisch ist eine kleine Minderheitensprache in Deutschland. Diese Minderheit, d. h. eine kleine Gruppe – ungefähr 60 000, siedelt in Deutschland an der Grenze zu Tschechien und Polen. Deswegen gibt es zwischen diesen Sprachen vielleicht auch Gemeinsamkeiten. Eine Frau, die Sorbisch als Muttersprache spricht und sie in der Schule gelernt ist, meint, dass, falls man die Sprache kann, könne man die Nachbarsprachen Polnisch und Tschechisch recht gut verstehen und auch schneller andere slawische Sprachen erlernen. Das sieht sie als Vorteil. Die Sorben werden zwar von der Bundesrepublik unterstützt, aber durch den Bergbau werden ihre Lebensräume zerstört, so kann man im Text nachlesen. Umso wichtiger ist der Erhalt der Sprache für die Sorben, denn kann nur durch die Sprache man die eigene Kultur bewahren, heißt es im Text. Auch wenn Sorbisch eine kleine Sprache ist, wachse das Interesse die Sprache zu erlernen, so kann man es im Text entnehmen.

Genau das können man auch einer Grafik entnehmen, die mir zu diesem Thema vorliegt und die die steigenden Schülerzahlen am Niedersorbischen Gymnasium zeigen.

Nachdem nun einige Fakten zum Thema mithilfe des Textes und der Grafik dargestellt wurden, kann man nun genauer die Frage gestellt werden, ob es sich wirklich lohnt eine kleine Sprache, wie z. B. Sorbisch zu lernen.

Ein Vorteil, der bereits im Text genannt wird, ist, dass man kann leichter andere slawische Sprachen lernen, wenn man Sorbisch erlernt. Ich denke, das ist generell von Vorteil, wenn man Sprachen in Beziehung miteinander setzen kann. Das hilft Beziehungen zu knüpfen und man kann z. B. aus dem Wortschatz der einen Sprache, die man schon beherrscht, sich die Bedeutung in der Sprache ableiten, die man gerade lernt. Hätte man nicht die eine Sprache vorher gelernt, dann wüsste man nicht so schnell, was Wörter in der anderen Sprache bedeuten. Ein Beispiel: Weil ich im Englischen weiß, was „milk" bedeutet, weiß ich auch im Niederländischen, was „melk" bedeuten könnte – nämlich „Milch".

Ein Nachteil, der ich sehe, ist der zusätzliche Zeitaufwand, um eine weitere Sprache zu erlernen. Zeitaufwand meint nicht nur mehr Unterrichtsstunden in der Schule, als auch die Arbeit zu Hause, die man hat, um z. B. Vokabeln zu lernen.

Ein anderer Vorteil ist, dass man eine neue Kultur kennen lernen kann, wenn man wie im Beispiel Sorbisch lernt. Man kann z. B. sorbische Literatur lesen und erhält dadurch Einblick in eine andere Gedankenwelt. Das ist sicher mit anderen kleineren Sprachen genauso.

Einerseits sind die kleinen Sprachen nicht so populär und es ist nicht attraktiv, sie zu lernen. Man kann sie kaum anwenden, weil sie von so wenigen gesprochen werden. Aber andererseits ist es wichtig, dass man sie lernt, denn es gibt viele schöne Sachen, die sich mit den kleinen Sprachen verbindet, z. B. Lieder. Es wäre schade, wenn sie niemand mehr singen würde. Es würde die „Weisheit" des kleinen Volkes sterben.

Ein letztes Argument wäre vielleicht: Wenn man Spaß am Sprachenlernen hat und es einem nicht schwer fällt, dann sollte man eine kleine Sprache zu lernen.

Ich bin der Meinung, dass kulturelle Vielfalt für Europa, wie es auch im Text formuliert wurde, wichtig ist. Es ist gut, sie zu erhalten, indem man eine kleine Sprache erlernt und das von der EU und den Staaten auch unterstützt wird, wie es die Bundesrepublik Deutschland laut Text bereits tut.

Zum Schluss kann man vielleicht sagen, dass es einige Vorteile geben, die dafür sprechen, die kleine Sprache aus der großen Familie der slawischen Sprache zu erlernen. Aber am Ende muss das jeder selber entschieden, denn ist es nicht für jeden wichtig. Für mich wäre es zwar ein Vorteil, weil ich gerne später Sprachen studieren möchte, aber für einen IT-Spezialisten?

b Stellen Sie Ihre Bewertungen in der Klasse vor. Was würden Sie besser machen?

c Korrigieren Sie gemeinsam lexikalische und grammatikalische Fehler im Text des Schülers.

3 Den Aufsatz vorbereiten: Bearbeiten Sie die einzelnen Schritte. Sie sollten dafür ca. 20 bis 30 Minuten einplanen.

1. Lesen Sie die Aufgabenstellung genau.
2. Lesen Sie den vorgegebenen Text und die Grafik. Markieren Sie dort wichtige Informationen. Machen Sie sich eventuell Notizen auf dem Konzeptpapier.
3. Schlagen Sie schwierige Wörter im Wörterbuch nach.
4. Überlegen Sie, wie Sie einen Zusammenhang zwischen Text und Grafik herstellen können. Machen Sie sich gegebenenfalls Notizen dazu.
5. Bereiten Sie die Erörterung vor: Notieren Sie eigene Pro- und Contra-Argumente zum vorgegebenen Thema. Denken Sie auch an die Begründungen und Beispiele. Beziehen Sie dabei auch Argumente aus dem vorgegebenen Text ein, widersprechen Sie ihnen oder bestätigen Sie diese.

4 Den Aufsatz formulieren: Schreiben Sie nun Ihren Text. Benutzen Sie dafür einen Kugelschreiber oder Füllfederhalter. Prüfen Sie während des Schreibens, ob Sie die Punkte auf der Checkliste erfüllen. Sie sollten dafür ca. 80 Minuten einplanen.

Checkliste
- Verwenden Sie so oft wie möglich eigenen Wortschatz.
- Benutzen Sie Redemittel oder die indirekte Rede (Konjunktiv I-Formen) zur Wiedergabe der wesentlichen Informationen aus dem vorgegebenen Text und der Grafik.
- Verbinden Sie Ihre Sätze mithilfe von Konnektoren.
- Formulieren Sie eine Einleitung, Überleitungssätze zwischen den einzelnen Teilen der Erörterung und einen abschließenden Satz.
- Schreiben Sie leserlich.

5 Den Aufsatz korrigieren: Lesen Sie Ihren Aufsatz nun gründlich durch. Korrigieren Sie Fehler und tragen Sie Ihre Korrekturen sauber ein. Sie sollten dafür ca. 10 Minuten einplanen. ► Kapitel 9

Checkliste
- Grammatik: Steht das Verb / stehen die Verben an der richtigen Stelle im Satz? Sind die Kasus korrekt? Sind die Präpositionen mit dem richtigen Kasus versehen? Gibt es Artikel?
- Orthographie: Sind alle Nomen großgeschrieben? Sind schwierige Wörter korrekt geschrieben? Schlagen Sie eventuell im Wörterbuch nach. Sind alle Umlaute da? Sind die Kommas richtig gesetzt?
- Schreiben Sie leserlich.

6 Die Texte auswerten

a Setzen Sie sich in Gruppen zu drei Personen zusammen und besprechen Sie die Texte in einer „Schreibkonferenz".

1. Lesen Sie einen der Texte vor.
2. Die anderen äußern sich spontan zum Inhalt. Sie können auch inhaltliche Fragen stellen.
3. Der Verfasser des Textes macht sich Notizen im Text dazu.
4. Lesen Sie nun den Text noch einmal gemeinsam durch. Besprechen Sie inhaltliche und sprachliche Aspekte. Der Verfasser notiert sich die Anmerkungen.
5. Prüfen Sie die Grammatik und die Rechtschreibung gemeinsam.
6. Besprechen Sie dann die übrigen Texte nach dem gleichen Muster.

b Überarbeiten Sie dann Ihren Text mithilfe der Ergebnisse der Schreibkonferenz.

c Lassen Sie den Text zum Schluss von Ihrer DSD-Lehrerin / Ihrem DSD-Lehrer bewerten.

7 Wichtige Tipps zum Schreiben im Klassenzimmer aufhängen

a Hängen Sie das Aufgabenblatt (S. 121) und Ihre korrigierten Texte an eine Wand im Klassenzimmer.

b Gestalten Sie Poster mit den wichtigsten Tipps für den Prüfungsteil *Schriftliche Kommunikation*. Hängen Sie diese im Klassenzimmer auf.

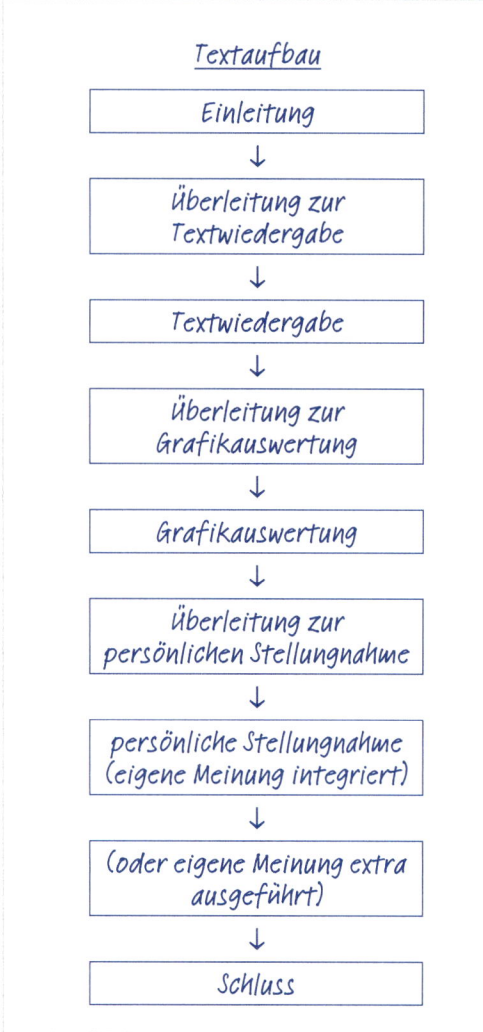

1

Textaufbau

- Einleitung
  ↓
- Überleitung zur Textwiedergabe
  ↓
- Textwiedergabe
  ↓
- Überleitung zur Grafikauswertung
  ↓
- Grafikauswertung
  ↓
- Überleitung zur persönlichen Stellungnahme
  ↓
- persönliche Stellungnahme (eigene Meinung integriert)
  ↓
- (oder eigene Meinung extra ausgeführt)
  ↓
- Schluss

2

Redemittel zur Textwiedergabe

- Im vorliegenden Text mit dem Titel „..." geht es um ...
- Laut Autor ...
- Der Text nennt ...

3

Vokabular zur Grafikbeschreibung

- Die Grafik mit dem Titel „..." wurde von ... im Jahr ... veröffentlicht.
- Thema der Grafik ist ...
- Sie zeigt die Anzahl / den Anteil / die Entwicklung ...

Tipp

Im Testbuch „So geht's zum DSD II (B2 / C1) Testbuch mit Leitfaden für die mündliche Prüfung" finden Sie in den Modelltests drei weitere Aufgaben für den Prüfungsteil *Schriftliche Kommunikation*. Viel Erfolg beim Üben und in der Prüfung!

Training Mündliche Kommunikation

► Die Projektmappe prüfen

1 Vorbereitung auf die Präsentation: Ihre Projektmappe

a Kreuzen Sie an, was Sie schon gemacht haben.

Checkliste

Ich habe…

- ☐ den endgültigen Titel festgelegt.
- ☐ Material gesammelt und ausgewertet (exzerpiert und zusammengefasst).
- ☐ Recherchen dokumentiert und ausgewertet.
- ☐ eine Liste mit Fachvokabular angelegt.
- ☐ alle Dokumente sortiert abgeheftet und in Kapitel eingeteilt.
- ☐ eine Titelseite für die Projektmappe erstellt.
- ☐ ein Inhaltsverzeichnis erstellt.
- ☐ einen Bezug zum deutschsprachigen Raum hergestellt.
- ☐ Bilder gesammelt.
- ☐ Diagramme erstellt und deren Beschreibung geübt.
- ☐ einen Anhang mit den Quellen erstellt.

b Haben Sie noch etwas anderes gemacht? Sprechen Sie in der Klasse darüber, vielleicht ist das für andere Projekte interessant.

2 Projektmappenmarkt

a Gehen Sie so vor:

1. Teilen Sie die Klasse in zwei Gruppen.
2. Die Mitglieder der Gruppe 1 legen Ihre Projektmappen auf ihren Tischen aus.
3. Die Mitglieder der Gruppe 2 können sich die Mappen ansehen und mit der jeweiligen Autorin / dem jeweiligen Autor sprechen und Fragen dazu stellen oder auf Kommentarblättern notieren.
4. Tauschen Sie danach die Rollen: Gruppe 2 präsentiert die Mappen, Gruppe 1 sieht sie sich an und bespricht sie.

b Notieren Sie sich während der Gespräche Anregungen für die Verbesserung Ihrer Mappe und für die Vorbereitung der Präsentation.

Portfolio 10: Arbeit mit Quellen

1 Glaubwürdigkeit von Quellen

a Im Folgenden finden Sie eine Checkliste, um die Glaubwürdigkeit von Internetquellen etwas besser einzuschätzen. Kreuzen Sie in der Tabelle für Ihre Quellen an:

	☺	☹
1. Der Name der Autorin / des Autors ist angegeben.		
2. Die Autorin / der Autor gibt eine Adresse an (Ortsadresse, Website, E-Mailadresse).		
3. Die Verfasserin / der Verfasser sollte als Experte auf ihrem / seinem Gebiet bekannt oder erkennbar sein.		
4. Der Text ist von einer Redaktion und / oder einem Herausgeber geprüft worden und die Adresse der Redaktion / des Herausgebers ist angegeben.		
5. Der Text bezieht sich mit seinen Informationen auf weitere angegebene und überprüfbare Quellen.		

Sie sollten bei 3 von 5 Punkten ein ☺ haben.

2 Eine Quellenliste anlegen

> **Tipp**
>
> Mit dieser Liste geben Sie an, welche Hilfsmittel Sie für Ihre Arbeit benutzt haben. Die Übersicht hilft zum einen Ihnen selbst – Sie behalten den Überblick über verwendete Materialien. Zum anderen sind Sie aber auch verpflichtet, alle Quellen anzugeben, die Grundlage Ihrer Arbeit sind.

a Fügen Sie jeweils zwei eigene Literaturangaben in der folgenden Form hinzu.

Bücher

Name, Vorname → Titel, Untertitel → Erscheinungsort → Erscheinungsjahr → Verlag

Klippert, Heinz: Methodentraining. Übungsbausteine für den Unterricht, Weinheim und Basel 1994, Beltz-Verlag

_____

_____

Aufsätze aus Zeitschriften

Name, Vorname → Titel des Aufsatzes → in Zeitschrift → Heftnummer → Erscheinungsjahr → Seitenangabe

Weidenmann, Bernd: Mit Bildern informieren, in: Pädagogik, Heft 5/93, S. 8 – 13

_____

_____

Texte, Bilder aus dem Internet

Titel → Internetadresse → Datum des Zugriffs

Arbeit mit Bildern, auf www.teachsam.de (Zugriff am 28.7.2010)

_____

_____

Selbstevaluation

Ich habe gemacht ...		Ich bin zufrieden ...		
	✓	☺	☹	☹
Wortschatz				
Leseverstehen				
Hörverstehen				
Schriftliche Kommunikation				
Mündliche Kommunikation				
Projekt				

Meine Wortliste zum Thema „Regionen, Sprachen und Dialekte":

Sehen Sie sich nun noch einmal das Kapitel an und notieren Sie hier wichtige Wörter. Ergänzen Sie dann Ihre Notizen um Wörter, die Sie außerdem brauchen.

_____	_____	_____
_____	_____	_____
_____	_____	_____
_____	_____	_____
_____	_____	_____
_____	_____	_____
_____	_____	_____
_____	_____	_____

	Wichtige Redemittel	Meine Lieblingswörter
_____	_____	_____
_____	_____	_____
_____	_____	_____
_____	_____	_____
_____	_____	_____
_____	_____	_____
_____	_____	_____
_____	_____	_____

Quellen

Bildquellen

(Monkey Business), **Cover**; Bananastock, Watlington / Oxon, **68.3**; Dreamstime LLC (Sebastian Czapnik), Brentwood, TN, **32.2**; Fotolia LLC, New York: (Andreas F.), **116.2**; (Arnd Drifte), **116.3**; (BildPix.de), **32.3**; (erikdegraaf), **92.2**; (Foto Füchsin), **56.3**; (fotoman_65), **80.3**; (Gina Sanders), **8.2**; (maryp77), **32.4**; (mrs-art), **116.1**; (Woodapple), **16**; Image Source Ltd (Imagesource), Soho, London, W1F 9NZ, **20.4**; iStockphoto, Calgary, Alberta: (Fertnig), **51**; (Smith), **20.1**; Klett-Archiv, Stuttgart: (Anastasia Raftaki), **78**; (Krzysztof Ulamek, Polen), **66**; (Matthias Nortmeyer), **62**; (Renate Weber), **44.1**; MEV Verlag GmbH, Augsburg, **33, 44.2**; Picture-Alliance (lnw), Frankfurt, **36**; shutterstock, New York, NY: (Dario Sabljak), **32.1**; (lightpoet), **59.2**; (jetsetmodels), **56.2**; (Mary Terriberry), **20.3**; Statistisches Bundesamt - DESTATIS, Wiesbaden, **108**; Thinkstock, München: (AbleStock.com), **93**; (Alex Slobodkin), **80.2**; BananaStock), **104.3**; (Comstock), **8.3, 68.1, 68.2, 92.4, 104.4**; (Getty Images), **47**; (Goodshoot), **104.1**; (Hemera), **64, 80.4**; (iStockphoto), **8.4, 11, 12, 20.2, 56.1, 68.4, 80.1, 92.5, 92.3, 96, 112, 116.4**; (istockphoto), **44.4**; (Lifesize), **8.1, 104.2**; (Photodisc), **49, 52**; (Photos.com), **59.1**; (Pixland), **44.3**; (Stockbyte), **92.1**

(Jani Spennhof, Barcelona), Illustration **114**;

Textquellen

S. 14: „Kopieren geht über Studieren" © Kurt Künzle, in «der arbeitsmarkt – Fachzeitschrift für Arbeit und Beschäftigung», Zürich
S. 15: „Hat das E-Book eine Zukunft?" © Philipp Goll, die tageszeitung, Berlin
S. 22: „Der touristische Klima-Fußabdruck" © WWF Deutschland, Berlin
S. 33: „Was sind Gene?" © www.bionetonline.org
S. 36: „Das CargoCap System" © www.cargocap.de
S. 48: „Der Studienabbrecher – das unbekannte Wesen" © HIS Hochschul-Informations-System GmbH, Hannover 2008
S. 49 / 50: „Welcher Beruf passt zu mir?" © Portal der Bundesagentur für Arbeit, www.abi.de
S. 75 / 76: „Null Blog" © Manfred Dworschak
S. 86 / 87: „Exodus der Musterschüler" © *der Freitag* Mediengesellschaft mbH & Co. KG, Berlin
S. 92: „Der Weg einer Jeans" aus: TERRA Arbeitsheft GWG 3 / 4 Baden-Württemberg © Ernst Klett Schulbuchverlag Leipzig GmbH, Leipzig 2006
S. 94 / 95: „Die Weltreise einer Fleece-Weste" © Sylvia Schwab, Deutschlandfunk, Köln
S. 96: „Globalisierung geht durch den Magen" © Elke Proell, „welt-sichten", Frankfurt
S. 105: Text 1: „Kinder und Senioren" © Luisa Boger, Marion Fleischer, Lena Grießhammer, Kathrin Härtlein, Timian Hopf, Marie Luise Külz, Universität Augsburg; Text 2: „Von den Älteren lernen" © BR-online, Bayerischer Rundfunk, München; Text 3: Klappentext von „Begegnung zwischen Alt und Jung" von Jana Jansen © VDM Verlagsgesellschaft mbH, Saarbrücken; Text 4: „Stiftung Zuhören" © BR-online, Bayerischer Rundfunk, München
S. 111: „Senioren verändern unsere Gesellschaft" © Christian Mathea, news.de GmbH, Leipzig
S. 117: „Lausitzer Seenland" © dpa Deutsche Presse-Agentur GmbH, Hamburg 2011

Alle Texte wurden zu Prüfungszwecken bearbeitet.